《紐約時報》票選「百年美股第一人」唯一著作

史上最強
股票大作手
操盤術。

巴菲特
指定教科書

Jesse
Livermore

傳奇作手傑西·李佛摩毫無保留的投資策略

How to Trade in Stocks

巴菲特說：「讀再多的投資書籍也不見得可以笑傲股市，
但是連這本書都沒有讀過，獲利基本上等於妄談。」

度過數次的破產和崛起之後，傑西·李佛摩總結出一套持續獲利的策略。
最重要的是，在自己的書中，他沒有絲毫隱瞞，他坦誠相見！
——華爾街教父 班傑明·葛拉漢

傑西·李佛摩 Jesse Lauriston Livermore／著　　榮千／譯

譯者序

　　傑西・李佛摩是20世紀20年代紐約華爾街的傳奇人物，經典著作《股票大作手回憶錄》的主角，他也被譽為「美國歷史上最偉大的投機人」！

　　1893年，年僅14歲的傑西・李佛摩初涉股市就取得了了不起的成就，從此走上職業交易者的道路。賺到第一個1,000美元時，李佛摩辭去了工作，將所有時間都用於到投機商號進行股票投資。1,000美元聽起來可能並不算是一筆太大的收入，但要注意的是李佛摩每次都能在資金的一進一出中收穫巨大的利潤——他的第一次交易利潤高達63％！

　　1907年，美國的經濟恐慌愈演愈烈，一場危機一觸即發。這時候，大銀行家摩根開始介入美國金融市場，力挽狂瀾，他的舉措之一就是以個人身分請李佛摩停止做空，因為李佛摩在恐慌期間一天賣空就賺了300萬美元，這是脆弱的國家經濟無法承受的。李佛摩答應摩根的第二天即反手做多，而在J.P.摩根出面向困難的銀行提供資金支援後，市場也開始反彈，李佛摩又大賺了一筆；1909年，威爾森總統甚至邀請他到白宮，請他把自己的棉花期貨平倉以救國急。

　　在20世紀初，李佛摩曾經透過投機股票在一個月的交易中賺取過1,000萬美元的巨額利潤；甚至在3個小時的市場搏殺中，賺進20萬美元——這

在當時被人們視為一個天文數字，要知道那時美國人的年均收入，也只有1,000美元而已。

但傑西‧李佛摩最著名的一次投資是在1929年。在美國股市大崩盤即將來臨之際，李佛摩大肆賣空股票，於是當大多數投資者的巨額財富化為烏有時，李佛摩卻狂賺1億美元。為此，一部分金融歷史學家甚至將1929年的美國股災歸咎於他。

傑西‧李佛摩歷經40年股海沉浮，他透過投機交易快速積累了大量的財富。雖然也曾幾次破產，但每一次，他都憑著自己的操盤術、智慧和頑強的意志，走出困境，東山再起。

華爾街有一條諺語：你如果能在股市堅持10年，你應該能開始賺到一些錢；你如果堅持20年，你的經驗將極有借鑑價值；如果堅持30年，那麼你必定是極其富有的人。

本書，是傑西‧李佛摩歷經40年股市沉浮後給世人留下的寶貴經驗，從中我們可以看到李佛摩對自己投機經驗的總結和昇華：他對市場的領悟、對趨勢的研判、對交易手段的把握、對資金的掌控……他的交易時機技巧、實用的操盤方法、簡明的交易準則以及高效的股票與商品交易法極具實用性。

目錄

★ 不求一擊成功，就像浪濤不停的沖刷一樣，直到堤壩發生鬆動——耐心始終是投資者所必備的。

★ 你能從股市上賺大錢，但也能在股市上賠大錢，這一點我們已經親身體驗。買入任何一家公司股票之前，一定要先做好研究。

★ 投資者應該在市場的轉折處進行投資，要把握好由量變到質變的臨界點，對市場未來的走勢做出準確的判斷，然後一直堅定地走向下去，在達到臨界點之前迅速地進行投資。

★ 不一定每天都要去辦公室，給自己留點閒暇時間，哪怕去散步或閒逛都好，放鬆一下繃緊的神經，有利於保持清醒頭腦，在關鍵時刻做出最敏捷的反應和判斷。

★ 別人經常認為我是反市場派，但是，我對逆勢而行非常謹慎，我可能慘遭趨勢踐踏。根據我的趨勢理論，趨勢最初會自我強化、最後會自找毀滅，因此在大多數情況下，趨勢是你的朋友，只有在趨勢變化的轉捩點趨勢追隨者會受到傷害，大部分時間我都是趨勢追隨者，但是，我隨時都警覺自己是群眾的分子，一直在注意轉捩點。

★ 不要買太多股票，多了你就無法及時瞭解每一家公司的最新動態。

★ 你應該確定兩點：第一，公司的每股銷售額和每股收益增長率是否令人滿意；第二，股價是否合理。最好要認真研究分析公司的財務實力和債務結構，以確定萬一出現幾年經營糟糕的情況是否會妨礙公司的長期發展。

★ 第一要保本，只要有本錢，你就有機會再翻身。如果操作過量，即使對市場判斷正確，仍會一敗塗地。如果我必須就我的實務技巧做個總評，我會選擇一個詞：存活。

★ 投資交易是一個漫長又充滿等待的過程，利潤在很多時候並不能馬上顯現出來。

★ 投資股票要賺錢，關鍵是不要被嚇跑。這一點怎麼強調都不過分。每一年都會有大量關於如何選股的書出版，但是如果沒有堅定的意志力，看再多的投資書籍，瞭解再多的投資資訊，都是白搭。炒股和減肥一樣，決定最終結果的不是頭腦，而是毅力。

★ 當你對某筆投資交易充滿信心時，就要直擊要害。要知道，即便是想當好一隻豬都需要勇氣，要想追求建立在高負債基礎上的利潤就更需要勇氣。如果你認為自己是正確的，賺再多也不會嫌多。

★ 重要的不是你的判斷是錯還是對，而是在你正確的時候要最大限度地發揮出你的力量來！

★ 絕大多數的投資者內心的一個祕密角落裡都會隱藏著一種自信，覺得自己擁有一種預測股票價格、黃金價格或者利率的神奇能力，儘管事實上這種虛妄的自信早已經一次又一次地被客觀現實擊得粉碎。讓人感到不可思議的是，每當大多數的投資者強烈地預感到股價將會上漲或者經濟將要好轉時，卻往往是正好相反的情況出現了。

★ 即使我的假設偶爾出錯，我還是用它作為操作的假設。這並不是說大家應該總是逆勢而行，正好相反，大部分的時間裡，趨勢會佔優勢，只是偶爾會自行修正錯誤，只有在這種狀況下，大家才應該違反趨勢。

他是20世紀華爾街的神話，是每一個投機客都難以越過的股市豐碑，每一代投機商都或多或少從他的生平中汲取自己需要的營養，他就是傑西·李佛摩。你可以假裝沒看見他，你可以不喜歡他，但你不能略過他。

——全球最佳基金經理 彼得·林區

不管是經濟繁榮還是經濟危機，都成為一小部分人暴富的舞臺，李佛摩就是其中一個。

——金融大鱷、投資大師 喬治·索羅斯

度過了數次的破產和崛起之後，傑西·李佛摩總結出一套持續獲利的策略。最重要的是，在自己的書中，他沒有絲毫隱瞞，他坦誠相見。

——證券之父 本傑明·格雷厄姆

他（李佛摩）試圖讓市場跟著他的意願走，而不是等待市場自然地轉勢。

——投資大師 江恩

第1章：投機是一項挑戰

　　投機是天底下最富魔力的遊戲。但是，這個遊戲不適合愚蠢的人，不適合懶於動腦筋的人，不適合心理不健全的人，不適合腦中充滿一夜暴富奢望的人。以上所說的這些人如果貿然從事投機，那麼就只能以一貧如洗告終。

　　多年以來，我已經儘量減少參加晚宴的次數，因為幾乎每次都有陌生人走過來坐到我身邊，一番寒暄後便開口詢問：

　　「我怎樣才能從股市中賺些錢呢？」

　　對於這樣的問題，年輕時我會不厭其煩地向他們解釋，一心想著從市場上輕鬆快速地賺錢是不切實際的，你會碰上這樣或那樣的麻煩；或者不失禮貌地想盡辦法找個藉口，從這樣的困境中脫身。但是最近這些年，我只會乾脆地回答一句：「不知道。」

　　老實說遇上這種人時，你很難耐得住性子去解釋。其他的先不說，這樣的問法對於一位已經對投資和投機事業進行了科學性研究的人來說，實在算不上恭維。要是這位門外漢也拿同樣的問題請教一位律師或一位外科醫生，那才稱得上是公平：

　　「我怎樣才能快速地從法律方面或外科手術上賺到錢？」

話說回來，我還是認為，對真正有志於在股票市場做投資或投機的大多數人來說，如果有一份指南或方向標為他們指出行進的正確方向，他們還是願意付出汗水和研究以此來獲取合理回報的。而本書正是為這些人寫的。

　　本書的主要內容是介紹我個人在投機生涯中有過的一些不同尋常的親身經歷——其中既有失敗的記錄，也有成功的記錄，以及從每一段經歷中獲得的經驗教訓。透過這些介紹，我將勾勒出自己在交易實踐中採用的時間要素理論，在我看來，這些理論對於成功的投機事業來說，是最重要的因素。

　　但是在我們展開下一步行動之前，請允許我給你一個警告：一分耕耘，一分收穫。你所獲得的成果將與你的努力中所表現出的真心和誠意直接成正比。這種努力包括建立並維持好自己的行情記錄，做選擇時不人云亦云，自己動腦筋並得出自己的結論。

　　就像你不可能精讀《保持好身材》這樣的書後，又將鍛鍊身體的事交給他人代勞。因此，如果你打算認真地學習並實踐我的準則，就不能將維持行情記錄的工作假手他人。我的準則將時間和價格兩個要素融為一體，這一點在隨後的章節裡會逐步闡明。

　　對於渴望那些在股市中大展身手的投資人來說，我只是一個引路人，真正的修行還要靠自己。如果你借助我的引導，最終獲得一種在股票市場上輸少贏多的能力，我將倍感欣慰。

> 保持自己清醒地頭腦是必要的，金融本身就是為了追逐利潤，如果你放棄自己獨立思考的習慣，而是一味的跟風和從眾，你就會常人一樣庸碌！
>
> ★ 索羅斯

本書的讀者是特定群體，而這部分人往往表現出一定的投機傾向，在這裡我願意把我在多年的投資生涯中逐步積累的一些觀點和想法講述出來與讀者分享。無論是誰，只要天性存在投機傾向，就應當將投機看作一項嚴肅的工作，並誠心敬業，不能像那些門外漢一樣應付了事，因為門外漢通常會把複雜的投機看成單靠一點直覺進行的賭博。如果認同我的觀點，即投機是一份嚴肅的工作，那麼所有參與此項事業的同行朋友就應當下決心認真學習，盡己所能地發掘現有資料資料，使自己對這項事業的領悟提升到自己的最高境界。

在過去四十年中，我始終致力於將自己的投機活動昇華為一項成功的事業，已經發現了一些有助於發展這一事業的訣竅，並且還將繼續發掘新的規律。

許多個夜晚，我躺在床上輾轉反側不能成眠，反省自己為什麼沒能預見一段行情即將展開，第二天早早醒來，頭腦中醞釀著一個新點子，讓我幾乎等不及天亮，就急於透過歷史行情記錄來檢驗新點子是否有效。當然，在絕大多數情況下，這樣的新點子都離百分之百的正確相距甚遠，但是我也經常會發現其中多少有些正確的成分，而且這些可取之處已經儲存在我的潛意識中了。或許再過一陣，又有其他想法在腦子裡成形，我便立即著手檢驗它。

隨著時間的推移，頭腦中原本混沌多樣的想法就變得越來越清晰、具體，於是我逐漸能夠開發出成熟的新方法來記錄行情，並以按照新方法做的行情記錄作為判斷市場走向的指南針。

讓我感到滿意的一點是，我的理論和實踐都已經證明，在投機生意中，或者說在證券和商品市場的投資事業中，從來沒有什麼新事物出現，

其發展規律都是相同的——也就是所謂的「萬變不離其宗」。

在有的市場條件下，我們應當投機；同樣地，在有的市場條件下，我們又應當避免投機。有一條諺語現在看來再正確不過了：「你可以贏一場馬賽，但你不可能贏得所有馬賽。」市場操作也是同樣的道理。有的時候，我們可以透過從股票市場投資或投機中獲利，但是不要指望日復一日、週復一週地在市場裡打滾，還能始終如一地獲利。只有那些有勇無謀的人才想這樣做，這種場場皆贏的事本來就是不可能的，永遠不會有希望。

如果想成功地投資或投機，我們就必須針對某檔股票下一刻會上升還是下跌形成自己的判斷。因為投機其實就是預測即將到來的市場運動。要想盡量做到準確預測，我們必須構築一個堅實的基礎。舉例來說，在市面上出現某一則新聞後，你就必須站在市場的角度，獨立地在自己的頭腦中分析它會對行情產生怎樣的影響。

你要盡力預測這則消息在一般投資大眾心目中的心理效應——特別是那些與該消息有直接利害關係的人。如果你從市場角度判斷，它將刺激股市看好或看淡，那麼千萬不要草率地認定自己的看法，而要等到市場變化已經驗證了你的看法之後，才能在自己的判斷上簽字畫押，因為它的市場效應未必如你傾向於那樣明確，一個是「是怎樣」，另一個是「應怎樣」。

> 比起其他投資商，我具有某種優勢，因為我至少對於金融市場的運作方式擁有自己的見解，然而，如果我聲稱總是能夠根據自己的理論框架構造有價值的假說，那就是在說謊。
>
> ★ 索羅斯

為了更清楚說明這一點，我們來看看下面的實例：如果市場走勢已經形成，並且已經沿著這個明確趨勢持續了一段時間，這樣的情況下，一則看漲或看跌的新聞恐怕對市場產生不了一絲一毫的影響。在這個時候，市場本身或許已經處於超買或超賣狀態，在這樣的條件下，市場肯定對這則消息視而不見。而對於投資者或投機者來說，市場在相似條件下的歷史演變過程的記錄就具有不可估量的參考價值。此時此刻，投資或投機者必須完全摒棄個人看法，將注意力百分之百地轉向市場變化本身。要知道，意見千錯萬錯，市場永遠不錯。對投資者或投機者來說，個人看法如果背離市場大勢，那麼個人意見就一文不值。

　　到目前為止，沒有任何人或任何組織能夠打破市場的制約。某人也許能夠對某檔股票做出自己的判斷，相信這檔股票將要出現一輪顯著上漲或下跌行情，即使事後證明他的看法是正確的，這位仁兄也依然有可能賠錢，因為他可能過早地把自己的判斷付諸行動。他相信自己的意見是正確的，於是立即採取行動，然而他剛剛進場下單，市場就走了相反的方向。隨後，行情越來越陷入膠著狀態，他也越來越鬱悶懷疑，於是匆匆地平倉離開市場。或許幾天後，行情走勢又按照他的想法行進了，於是他再次殺入，但是一等他入市，市場就再度轉向和他相左的方向，這一次他又開始懷疑自己的看法，又悲劇性地把部位平掉了。

　　終於，行情啟動了。但是，由於他當初草率行動而接連犯了兩次錯誤，這一回反而失去了入市的勇氣。也有可能他已經在其他地方另下賭注，已經難以再增加交易量了。總之，欲速則不達，等到這個股票行情真正啟動的時候，他已經失去了投資機會。

　　這裡要特別強調一點，如果你對某檔或某些股票形成了明確的看法，

千萬不要倉促地一頭鑽進去。要從市場出發，耐心觀察它或它們的行情演變，按照基本的投資準則伺機而動。

舉例來說，某檔股票當前的成交價位於25美元，它已經在22美元到28美元的區間裡徘徊相當長時間了。假定你相信這檔股票最終將攀升到50美元，也就說現在它的價格是25美元，而你的意見是它應當上漲到50美元。且慢！耐心！一定要等這檔股票活躍起來，等它創新高，比如說上漲到30美元。只有到了這個時候，你才能「就市論市」地知道，你的想法已經被證實。這檔股票必定已經進入到非常強勢的狀態，否則根本不可能達到30美元的高度。只有當這檔股票已經出現了這些變化後，我們才能判斷，這檔股票很可能正處在大幅上漲過程中——行動已經開始。這才是你為自己的意見簽字畫押的時候。你是沒有在25美元的時候就買進，但絕不要讓這件事給自己帶來任何煩惱。如果你真的在那時候買進了，那麼結局很可能是這樣的：你等啊等啊，被等待折磨疲憊不堪，早在行情發動之前就已經拋掉了原來的部位，而正因為你是在較低的價格賣出的，你也許會悔恨交加，因此後來本當再次買進的時候，卻沒有買進。

我以往投資的經驗已經證明了這一點，真正從投機買賣中賺得的利潤，其實都來自那些從頭開始就一直贏利的部位。接下來，我將列舉一些自己的實際操作案例，讀者會從這些案例中發現，我選擇一個關鍵的心理時刻來投入第一筆交易——市場走勢最強勁時，強大的動能將使它徑直地繼續向前衝去。這檔股票之所以繼續向前衝，不是因為我的操作，而是因為它背後這股力量如此強大，它不得不向前衝，也的確正在向前衝。

在過去的很多時候，我也曾像其他許多投機者一樣，沒有足夠的耐心去等待這種絕好的投資時機。我總是想無時無刻都持有獲利交易在手上。

你也許會問：「你有那麼豐富的經驗，怎麼還讓自己幹這種沒頭腦的蠢事呢？」答案很簡單，我是人，當然也有人性的弱點。就像所有的投機客一樣，我有時候也讓急躁情緒沖昏了頭腦，失去了良好的判斷力。要知道投機交易其實酷似我們常玩的撲克牌遊戲，就像21點、橋牌或是其他類似的玩法。

有一個弱點是我們大家所共有的：每一次輪流下注時，都想摻一腳進去，每一手牌都想贏。我們或多或少都具備這個共同的弱點，而這一弱點正是投資者和投機者的頭號敵人，如果不對之採取適當的防範措施，它最終將導致他們的一敗塗地。滿懷希望是人類的顯著特點之一，驚慌恐懼則是另一個顯著特點，然而，一旦你將希望和恐懼這兩種情緒攪進投機事業，就會進入非常危險的境地，因為你往往會被兩種情緒所困擾，甚至顛倒了它們的位置——本該害怕的時候卻滿懷希望，本有希望的時候卻驚恐不寧。

來看一個例子。你在30美元的位置買進了一檔股票。第二天，它快速跳升到32美元或32.5美元。這時候你可能會變得充滿恐懼，擔心如果不把利潤落袋為安，明天就會看著這紙上富貴化為烏有——於是你就賣出平倉，把這一小筆利潤拿到手裡，而此時恰恰正是你該享受世界上一切希望的時刻，乘勝追擊你本來可以有更大的斬獲。

仔細想一下，這兩個點的利潤昨天還不存在更不屬於你，為什麼現在你擔心丟掉這兩個點的利潤呢？如果你能在一天的時間裡掙兩個點，那麼在第二天你可能再賺2個點或3個點，下一週或許能多賺5個點。只要這檔股票還在上漲，市場走勢對頭，就不要急於平倉。你要堅信自己是正確的，因為如果不是，你根本就不會有利潤。利潤是會增長的，也許它最終會擴

大為一筆很可觀的利潤，只要市場的表現沒有任何令人不安的跡象，那就鼓起勇氣，堅定自己的信念，堅持到底。

再來看看相反的情形。假設你以30美元買進某檔股票，第二天它下跌到28美元，帳面出現兩點的虧損。這時你並不會擔心第二天這個股票可能繼續下跌3點或更多點，而是只把當前的變化看作一時的反向波動，覺得第二天市場肯定還會回到原來的價位。然而，這種時候你本來應該有所警惕。今天出現這兩點的虧損之後，市場可能變得更糟，第一天再虧損兩個點，下週或下半個月或許再虧損5個點或10個點。這正是你應該擔心的時刻，因為如果你沒有及時止損出市，後來就有可能被迫承擔遠遠大得多的虧損。這個時候你應當賣出股票來保護自己，以免虧損越滾越大，變成大窟窿。

利潤總是能夠自己不斷增長，而虧損則永遠不會自動了結。投機者應該學著對最初的小額虧損採取止損措施，來確保自己不必蒙受巨大損失。這樣一來，就能保護好自己的帳戶，終有一日，當他心中形成了某種建設性想法時，還能重新交易，重整舊江山。

投機者往往需要充當自己的保險經紀人，而確保投機事業持續下去的唯一辦法是，小心守護自己的資本帳戶，維護資金安全，絕不允許虧損大到足以威脅未來操作的程度，這就是我們通常說的「留得青山在，不怕沒柴燒」。一方面，我認為成功的投資者或投機者事前必定總是有充分的理由才入市做多或做空的；另一方面，我也認為他們必定根據一定的準則或要領來確定首次入市建立部位的時機。

再重複一次，我認為心目中的走勢真的出現時，投資者肯定會有多次入市時機；我堅信任何有投機天分並有耐心的人，都能制訂出適合自己的

投機準則，以便入市時做出準確的判斷。成功的投機只不過是個猜想，投資者或投機者要想百戰百勝，便要遵守一些法則。

不過，很可能我認為是無價之寶的常用準則，對其他人反而沒有用處。為什麼呢？沒有哪個準則是百分之百正確的。我知道使用自己的投機準則後會有怎樣的結果。當股價的走勢與我的預期不符，我立即知道這是因為時機未到，因此放棄入市。或者幾天之後，我的準則再次顯示入市時機到來，這時我便會主動出擊，並且很可能一擊即中。我相信，投機者只要多一點耐心，肯花時間及心思鑽研股價走勢，這樣過一段時間便會形成一套自己的投機準則，日後的買賣或投資也就有了根據。在書中，我根據自己的投機買賣經驗，列出了本人認為有用的一些要點。

生活中一些經紀人也記錄股價圖表或平均價位，讓人敬佩的是不論市場行情升跌他們都持之以恆。毫無疑問，這些圖表或平均數字都能指出股價的走勢。但我認為圖表往往是複雜的，令人摸不清方向的，因而對我沒有用。不過，我就像其他人喜愛圖表一樣，熱衷於記錄股價。當然，也有可能他們的做法是對的，而我的偏好是錯的。

我之所以偏愛股價記錄，是因為我的記錄方法給我明確的投機指南，但是我必須充分考慮時間要素，這些記錄才會真正發揮作用，幫助我預測

隨著選股作為一項嚴肅認真的業餘愛好的日漸消亡，那些重要的選股必備技能，比如如何評估公司的業務、盈利能力、成長性等，如同失傳的祕方一樣也日漸被人遺忘。另一方面，隨著關注公司基本面資訊的業餘投資者越來越少，證券公司營業部也就越來越不願主動提供這些資訊。至於那些股票分析師則天天忙著為那些機構投資者提供服務，哪裡有空為普通投資大眾普及投資知識呢？

★ 彼得・林區

走勢。我相信，只要股價記錄妥當並考慮時間要素——詳見下文——任何人都可以在某種程度上準確預測股票未來的走勢。不過這樣做需要有耐性。

首先，你要看準一檔股票或建立不同的股票組合，準確把握時間要素，再配合自己的股價記錄，遲早你都會找到抓住重大走勢的時機。如果你的分析準確，那麼在任何分類股票中都能挑選出最佳的龍頭股。不過，一定要記住一點，股價記錄一定要你自己親手完成而不是假手於人，因為在記錄股價的過程中，你可能會有很多新的想法，其他方法都沒法幫你。而這些忽然而至的想法就是你的新發現和賺錢祕笈。

在書中，我列出了一些投資者及投機者不應做的事項，最主要的一項就是不要讓投機專案變成投資專案。很多時候投資者都是因為自己所買的股票而吃大虧。生活中，你常會聽到有投資者說：「我不會擔心股價漲跌，或補倉通知。因為我從來不投機，買股票是為了長期投資，要知道股價即使下跌了最後還是會漲回來的。」很可惜，這類投資者入市時，他們原先所買的好股其後形勢逆轉，這些所謂的「投資股」也會變為純粹投機的對象，一部分股票還會退出股市，而買入「投資股」的本金也就從人間蒸發了。這是因為投資者原先看準了「投資專案」的未來贏利才選作長線投資，可是他們未能看到這些所謂「投資專案」面對新情況而影響了贏利能力。

在投資者明白這個變化之前，股票的投資價值早已大大縮水。因此，投資者必須與投機者一樣，把保本放在首位。如果做到這一點，那些自詡為「投資者」的人便不會被迫成為投機者——信託基金的戶頭也不會大大縮水。

讀者也許記得，就在不久之前，美國市場一般還認為買入紐約-紐哈芬-哈特福德鐵路[1]（New York，New Haven & Hartford Railroad）等股票，比把錢存在銀行還要保險。在1902年4月28日，紐約-紐哈芬-哈特福德鐵路的股價是每股255美元。1906年12月，芝加哥-美沃奇-聖保羅[2]（Chicago，Milwaukee & St.Paul）的股價是199.62美元。

　　1906年1月，芝加哥-西北[3]（Chicago Northwestern）的股價是240美元。同年2月9日，大北方鐵路[4]（Great Northern Railway）的股價是348美元。重要的是，它們的股息都不低。

　　不過這些看起來很可靠的「投資」現在又怎樣了呢？

　　在1940年1月2日，紐約-紐哈芬-哈特福德鐵路的股價是0.50美元；芝加哥-西北的股價是5/16美元，約為0.31美元；大北方鐵路是26.625美元。芝加哥-美沃奇-聖保羅在當日甚至沒有行情

▲ 李佛摩攜第三任妻子桃樂西・溫德特（Dorothy Wendt）、小兒子保羅・李佛摩（Paul Livermore）和長子傑西二世（Jesse Junior）站在其府邸前。李佛摩的家庭生活多有不幸：演員妻子溫德特嗜酒、花名在外，讓李佛摩不只一次憂鬱症發作。1934年雙方離婚，1935年在一次爭吵後，前妻溫德特向長子Jesse Junior開槍，造成了他的殘疾。1975年3月23日，Jesse Junior從自家被押進警車。在這之前，他朝他的狗射擊，試圖殺死他的妻子Patricia。李佛摩的小兒子Paul Livermore非常英俊，在移居夏威夷之前，他曾經在許多電影和電視劇中出演角色，後來他在一次意外中被槍殺。

報價，而在1940年1月5日的價位僅為0.25美元。

事實上，市場上與上述個股有相同遭遇的股票數不勝數，市場原先都視它們為穩健的投資，但是到了今天卻變得一文不值。當優質投資變質後，那些保守投資者的資金也都化為烏有。

當然，投機者在股市也難免會有損失，然而，相對於這些所謂的投資者所承擔的巨額虧損而言，投機者的損失只是九牛一毛。

我認為，這些投資者其實不過是在賭博，他們下了賭注之後便將股票長期持有。如果有什麼意外，他們便輸個精光。投機者也可能同時入市，但是如果投機者有點小聰明，懂得記錄股價，便會提前嗅到前景不妙，因而能夠迅速離場將損失減至最低，並會等待下一次機會才再次入市。

股價開始下滑時，沒有人能預知股價的跌幅會是多少；同樣的，也沒有人能說出股價升幅有多少。不過一定要記住以下事項：不要因為股價看似偏高而賣出股票。

比如說，某檔股票由10美元漲至50美元，你便認為漲得太多了。這個時候，你要想到如果市場走勢不錯，而公司管理亦良好，有什麼原因會讓股價不能再攀上高峰，由50美元升至150美元呢？

市場上很多人就是當股價持續向好一段時間後，認為「股價偏高」而急於脫手賣出股票，最終反而吃了大虧。

反過來講，投機者也千萬不要因為某檔股票從高位大幅下跌後就買入，因為股票大幅下跌往往是有原因的。即使這檔股票的現價看起來相對很低，但就其本身的價值來說其股價也許仍然很高。不要再用過往的價位高低來衡量，而是應以結合時機和價格的方法去研究。

根據我的記錄，當我發現某檔股票呈現升勢後，經過一段時間的正常調整，即使股價再創新高也會繼續買入；在賣空時也是一樣。因此很多人知道我的買賣方法後都感到很不可思議。為什麼要這樣做？因為我的記錄顯示買賣時機來了，我只是依循指示買賣而已！

　　我不會搶著在市場調整時買入股票，也不會趁股價反彈時賣空。讀者應該注意的一個要點是：越跌越買並非明智之舉。如果第一次買入後就蒙受損失，那就不應再次入市，也不要越跌越買，試圖向下攤平。投機者一定要牢記這條守則。

【注釋】

　　1. 紐哈芬和哈特福德鐵路在1872年成立，紐哈芬鐵路的全稱是紐約-紐哈芬-哈特福德鐵路公司。它由多條鐵路合併而成。1911年，紐哈芬鐵路公司的末日到來了。由於債臺高築，紐哈芬不得不開始解雇員工、降低工資、延遲維修關鍵的鐵路軌道。天災隨後降臨，當年竟然發生了4次火車事故，次年居然7次，共造成數十人死亡。隨後，紐哈芬和哈特德鐵路宣佈破產。——譯者注

　　2. 芝加哥-美沃奇-聖保羅鐵路公司，人們都稱之為美沃奇。該公司的前身為鐵路公司，成立於19世紀中期。在多次合併及收購後，於1874年更名為芝加哥-美沃奇-聖保羅，公司的主要業務為經營來往美沃奇和芝加哥的鐵路服務。——譯者注

　　3. 芝加哥和西北鐵路成立於1859年6月7日，該公司在1864年2月15日與加利納和芝加哥聯合鐵路（Galena and Chicago Union Railroad）合併。之後開始迅速發展，建造了大量自己的線路，到19世紀60年代末期，重要線路基本建造完畢。20世紀70年代，鐵路覆蓋7個州，總長超過10,000英里，但其中大部分線路不贏利，公司運作陷入困境。在運作了136年後，被聯合太平洋鐵路收購。——譯者注

4. 大北方鐵路創立於19世紀，創始人包括著名工業家詹姆斯希爾（James J.Hill）。北方原是許多印第安的保留區，這裡到處是杳無人煙的草原，詹姆斯希爾為了建築鐵路，每隔10里就建立一個小鎮，還蓋了許多運送貨物的升降梯，為當地帶來商機、促進了地方繁榮。——譯者注

第2章：股價什麼時候才算走對了

　　像人一樣，股票也有自己的個性。有的股票反應敏感，弦繃得緊緊的，總是不停波動；有的股票則性格豪爽，目標明確，動作直來直去，依循邏輯發展。總有一天你會瞭解並尊重不同股票的個性，按照不同的準則去做，它們的動作都是可以預測的。

　　市場每時每刻都在變化著。有時候，它們非常呆滯，但並不意味著它們就在原地踏步，它們總會稍稍上升或下降。當一檔股票開始明確上升或下跌趨勢後，它將自動地運作，前後一致地沿著整個趨勢過程的特定路線走下去。

　　在趨勢開始的初期，開頭幾天你會發現，隨著股票價格的逐漸上漲，市場上形成了非常巨大的成交量。隨後，就將發生我所說的「正常調整」。在這個向下回落過程中，成交量會比上升時期大幅減少，但這種小規模回撤行情完全是正常的，不必對此過分憂慮。但此時，一定要提防不尋常的波動。

　　只有遠離市場，才能更加清晰地看透市場，那些每天都守在市場的人，最終會被市場中出現的每一個細枝末節所左右，最終就會失去了自己的方向，被市場愚弄了。

　　　　　　　　　　　　　　　　　　　　　　　★ 索羅斯

這個調整過程大概會持續一到兩天，之後漲勢將重新開始，成交量隨之增加。如果這是一個真動作，那麼在短時間內股價就會反彈，並將在新高區域內運行。這個過程應當在幾天之內一直維持著強勁的趨勢，其中僅僅含有小規模的日內回檔。

或遲或早，股價將達到某一點，與前一次情況類似的又該形成另一輪正常的向下回撤了。當這個正常回撤發生時，它應當和第一次正常回撤落在同一組直線上，當處於明確趨勢狀態時，這是股票普遍運行的規律。在這輪運動的最初階段，從前期高位升至最新高位的差距並不很大。但是你將注意到，隨著時間的推移，它的攀升幅度將會比之前大得多。

我們來看一個例子：假定某個股票最初的股價為50美元。在其運動的第一段旅程中，也許股價會漸漸地上漲到54美元。此後，一兩天的調整可能把它帶回52.5美元上下。三天之後，它再度展開旅程，股價或許會上漲到59美元或60美元，之後又一次進行調整。但是，這次它不會僅僅下降1個點或1個半點，如果在這樣的價格水準做自然的調整，很容易就會下降3個點。當它在幾天之後再度開始上漲進程時，你將注意到此時的成交量已經較初期縮水，這檔股票變得搶手起來，較難買到了。

如果情況是這樣，那麼股價的爬升會變得更快。該股票可能輕鬆地從前一個高點60美元，攀升到68美元乃至70美元，如果中途沒有遇到任何調整，直到這時候才發生自然的股價回檔，那麼這次調整幅度可能更大。它可能一口氣下挫到65美元，而且即使如此也只屬於正常的調整。不僅如此，假設跌幅在5點上下，但是用不著過多少日子股價就會重新上漲，該股票的成交價將再創新高。這就是入市的最佳時機。

不要因為這檔股票沒有新的變化而忽略形勢的變化。你已經取得了漂

亮的帳面利潤，這時候你必須保持耐心，但是也不要讓耐心變成約束思路的框框，以致忽視了危險信號。

這檔股票股價再度上漲，前一天上漲的幅度6到7點，後一天上漲的幅度更為巨大，也許上升了8到10點，交易活動極度活躍，但是在收市前的最後一個小時行情卻突然逆轉，突如其來地出現了一輪不正常的下探行情，下跌幅度達到7到8點，在低位收市。第二天開市後，市場再度下滑了1點左右，然後重新開始上升，並且當天尾盤行情十分堅挺。但是再過一天，由於某種原因，市場卻沒能保持上升趨勢。

這是一個非常精準的危險信號。在這輪市場運動的發展過程中，在此之前僅僅發生過一些自然和正常的調整。此時此刻，卻突然形成了不正常的向下調整——這裡所說的「不正常」，指的是在同一天之內，市場先是創新高，隨後向下回落了6點甚至更多——這樣的事情之前從未出現過。從股票市場本身來看，一旦發生了這種不同尋常的變故，就是市場在向你發出危險信號，對此絕對不能掉以輕心。

股價不斷上漲時，你要有足夠的耐心持股不動。現在你要以敏銳的感覺發現危險信號，並且勇敢地賣出，離場觀望。

並不是說所有的危險信號都是準確的賣點，正如我在前面說過，沒有任何準則能百分之百地準確預知市場的漲跌。不過，如果你一直時刻留神，長遠來看總能夠賺大錢。

一位非常聰明的投機者曾對我說：「每當危險訊號出現時，我總是毫不猶豫立即平倉！過了幾天，如果風平浪靜，我大可以再次入市。這樣一來，我總是能避免無謂的損失。打個比方：我正沿著火車鐵軌行走時，看到一列特快列車正在以高速迎面駛過來，這時我絕不會愚蠢到站在鐵軌

上，而是立即遠離鐵軌，等待列車遠離後鐵軌變得安全時，才考慮返回去。」這個有關投機智慧的描述既生動又有趣，我時刻牢記著。

機智果敢的投機者通常都會留意到危險訊號的出現。奇怪的是，大部分投機者總是遇到同一個問題，他們在應該平倉的時候不能拿出勇氣行動，而是猶豫不決，結果眼睜睜地看著股價由高位跌下。然後他們便安慰自己說：「當股價下次反彈時一定平倉！」但是等股價真的反彈了（反彈是遲早發生的），他們卻將之前的計畫忘記得一乾二淨，因為他們認為市場重回升軌了，股價可能繼續攀升。可是，這次的升幅只是曇花一現，股價跟著掉頭回落，這些投資者也因為猶豫不決而隨之吃虧。如果他們一直遵從自己的準則，便可以從容應付這種情況，不僅可以避免損失，也能消除不必要的疑慮。

這裡，我再說一遍，普通投資者或投機者的最大敵手就是人的本性。有什麼理由認為股價沖上去後回落了便不能再回升呢？當然，我們知道股價在某些價位是有上漲空間的，但為什麼你奢望股價在你想要的時刻繼續攀升呢？這種情況大多是不會出現的；即使出現了，優柔寡斷的投機者也不會理會。

我在此重申，對於那些渴望在投機領域有一番作為的人來說，必須摒棄一廂情願的想法；你不可能每天或每星期參與投機活動並取得成功；一年中只會有幾次入市的機會，可能是四、五次，而在合適的入市時間出現之前，最好靜待市場發展，等待下一個重大時機出現。

如果你能準確抓住股價變動的入市時機，那麼你第一次入市便能賺錢。在這之後，你需要做的就是保持警惕，仔細觀察提醒你何時退出的危險信號，並及時將帳面獲利套現。

要記住這一點：當你理性地靜待時機之時，那些每日參與買賣的投機者正好為你的一次出擊鋪路。他們所犯的錯誤，會為你造就日後的獲利。

投機活動實在太有誘惑力了，大部分投機者經常流連於經紀行或透過電話與經紀人保持密切聯絡。收市後，他們又往往在與朋友的聚會中與大談股市，心中無時無刻不在想著股票報價機，對於股票價位的一點點起伏波動都瞭若指掌，但是偏偏又對股價的重大變動視而不見。每當大市轉勢之際，他們之中很多人都會押錯注。堅持透過每日買賣獲利的投機者，是很難從市場的下一次重要波動中得益的。

要克服這個弱點，便要認真地記錄股價變動及怎樣變動的過程，同時考慮到時間因素，並綜合加以研究。

很多年前，我聽說有一位很出色的投機者住在加州的偏遠山區，在那裡他收到的股價行情都是三天之前的。一年中，他可能會與身處舊金山的經紀人通幾次電話，並書面指示買賣股票。

我的一位朋友也經常出入該家經紀行，他對這名投機者非常好奇，著力打探了不少關於這位投機者的消息。後來，他獲悉這位投機者甚少接觸市場，也很少在股票市場露面，但他的成交量卻非常驚人，不禁感到異常驚訝。有一次，我這位朋友經人介紹認識了這名投機者，交談時特別問到他身處偏遠山中是如何掌握市場變化的。聰明的投機者回答：「嗯，我把投機看作一門很嚴肅的生意。如果我不能摸清形勢變化，每天只是為了

你猜猜，那些根本不關注股市走勢只是定期買入的投資者，與那些天天研究股市走勢判斷最佳投資時機的投資者，誰的投資業績會更好？也許你想不到，答案是前者更高。

★ 彼得・林區

瑣碎變化而分心，便會一敗塗地。所以我喜歡住到偏遠地區，那裡我才能真正靜心思考。你理解嗎？我會記錄市場中的每一個變化。而變化發生後，讓我看清大局，瞭解市場在做什麼，將走向何方。真正的變動不會開始一天就停下來，而是需要一段時間才能完成整個過程。旁觀者清，搬到偏遠的山區後，我就能夠細心思考這些市場變化。不過，總有一天我會將帳面的利潤套現，並記錄下來。我觀察到一點，市場走勢模式過一段時間後，便會與我所記錄的股價有出入，這時我就要到市中心走一趟，忙碌起來。」

上面說的是很多年前的事了。漫長的歲月裡，這名隱居的投機者不時從股市套現一筆巨額的利潤。他的事蹟啟發了我，使我更加努力將時間要素與我所搜集的其他資料靈活運用，並持之以恆。結果我能夠熟練地利用我的股價記錄，它可以幫我找出下一次市場變動的時機，其準確度令人吃驚。

第3章：追隨領頭羊

　　每當投資者或投機者有一段時間在股市取得連續成功後，股票市場就會釋放一種讓人難以抗拒的誘惑，使投機者輕忽大意或者野心勃勃。在這種情況下，你只有依靠健全的常識和理性的頭腦才能保住已有的勝利果實。如果你能堅守自己親手制定的準則，那麼得而復失的悲劇就不再是命中註定的了。

　　我們都知道，股票價格總是在上上下下、不停波動的。過去是這樣，將來也會一直如此。在我看來，在那些重大的市場波動背後，必然存在一股不可阻擋的力量。瞭解這一點就完全足夠了，你倒是不必對價格波動背後的所有原因都不放過，研究得過於瑣細，只會白白浪費精力，形同畫蛇添足——你原本明晰的思路可能會被雞毛蒜皮的細節遮蔽、淹沒，這就是那樣做的風險。你只要確定市場運動的確已經發生，然後順著潮流駕馭著你的投機之舟，就能夠從中受益。不要和市場討價還價，最重要的，絕不可逆勢而行。

　　投資股票，務必牢記適當分散投資。你應該分散投資於幾種不同的股票。因為在每5檔你買的股票之中，可能會有1檔表現非常好，有1檔表現得很糟糕，另外3檔表現一般。不要對1檔股票固執己見，要保持一個開放的心胸；不要隨便挑一檔股票就算了，你得先研究再投資。

★ 彼得‧林區

還要記住的一點是，一開始就在股票市場上把攤子鋪得太大、四處出擊也是很危險的。我的意思是，不要同時持有過多的不同股票。對於投資者或投機者來說，同時持有幾檔股票還可以，同時持有許多股票就不勝負荷了。幾年前，我就曾犯過此類錯誤，為此也付出了沉重代價。

我曾經犯過的另一個錯誤是，因為當時某個類別的股票群體中某檔股票已經確定無疑地掉轉方向，背離了整個市場的普遍趨勢，我便因此對整個股票市場的態度轉為一律看空或一律看多。事實上，在建立新交易之前，我本該更耐心地等待時機，等到其他類別的股票中某檔股票也給出其下跌或上漲過程已經終了的信號。也就是說，只有其他股票也都清晰地發出同樣的信號，這才是我本應耐心等待的線索。

遺憾的是，我當時沒有這樣做，而是迫不及待，要在整個市場大闖一番，結果吃了大虧。在當時急於買賣的浮躁心理已經取代了常識和判斷力。當然，我在買賣第一個和第二個股票類別裡的股票時是獲利的，但是，我卻錯過了最佳入市時機，結果本應得到的獲利中被憑空削減了一大部分。

讓我們再回想一下20世紀20年代末期的瘋狂牛市[①]，我清楚地看出銅業股票的上漲行情已經進入尾聲。不久之後，汽車業的股票行情也達到了巔峰。因為牛市行情在這兩種類別的股票群體中都已經宣告結束，我因此得出了一個有紕漏的結論，那就是現在可以安全地賣出任何股票。我真不願意告訴你因為這一錯誤判斷我損失了多少錢。

在後來的六個月裡，正當我在銅業股票和汽車業股票的交易上積累了巨額帳面獲利的時候，我也在全力尋找公用事業類股票的頂部，然而事與願違，後者讓我虧損的金錢甚至超過了前者的獲利。最後，公用事業類股

票和其他類別的股票都達到了頂峰。就在這時，安納康達[②]（Anaconda）公司的成交價已經比其前期最高點低了50點，汽車類股票下跌的情況也與此類似。

我希望這一事實能給讀者一些啟示，當你摸準某一特定類別股票的趨勢時，不妨就此採取行動。但是，不要輕易地讓自己在其他股票群中以同樣方式行事，除非你已經明白地看到了其他類別的股票已經開始跟進的信號。保持耐心，繼續等待。遲早，你也會在其他類別股票上得到與第一個類別的股票同樣的提示信號。投資或投機要把握火候，不要在市場上四處出擊。

你必須集中注意力研究當日行情最突出的那些股票，也就是我們通常說的「領頭羊」。如果你不能從領頭的活躍股票上賺錢，也就無法在整個股票市場中賺錢。

股市總是追隨潮流而變化，就像女士的服裝、帽子和首飾一樣。昔日的龍頭股倒下，自然會有後起之秀遞補。多年前，領頭羊股票主要有鐵路股、美國糖業及煙草股，隨後美國糖業及煙草公司都褪去光環，鋼鐵股獨領風騷。之後的股市領頭羊又變成了汽車股，至今仍是股市寵兒。到了今天，鋼鐵股、汽車股、航空股及郵購股等四大類別股票仍然主導市場，這些類別的股票上升，亦會帶動整個股市上升。過了一段時間，新的領頭羊股會領導市場，而一些原來的領頭羊股將會退下。

只要股市還存在，這種現象就不會消失。

> 不求一擊成功，就像浪濤不停的沖刷一樣，直到堤壩發生鬆動——耐心始終是投資者所必備的，耐心，足夠的耐心。
>
> ★ 索羅斯

投資或投機者如果同時持有太多不同的股票，資金帳戶會變得更不安全，眾多的股票會把你弄得頭昏腦漲。不妨試試分析數個股票類別，你將會發覺，與剖析整個股市相比，前者更容易讓人準確把握股市脈絡。在上面所說的四大股票類別中，如果你能準確分析當中兩檔股票的走勢，便不用擔心其餘股票的走勢如何。

　　「追隨領頭羊股」是一再被重複的投機智慧，我們要讓思路開闊起來，你要記住我們今天看重的領頭羊股，很可能兩年後就什麼也不是。

　　根據我的記錄，現在我持有四個股票組合，這不表示我會同時買賣全部的股票，不過如何買賣我心中已有計劃。

▲ 傑西・李佛摩站在棕櫚海灘布雷克斯（Breakers）酒店的走廊，他經常在那裡度過大半個冬天。坐著他的私人火車專列到達布雷克斯，他的遊艇則事先被運抵棕櫚海灘。

　　多年以前，當我開始對價格走勢感興趣時，決定測試一下自己能否準確預測未來的價格變化。於是，我先做了一些模擬的買賣，並把資料寫在一本隨身的小記事簿上。

　　過了不久，便首次進行買賣，而那次交易令我畢生難忘。我與朋友合夥買入5股芝加哥-伯靈頓-昆西鐵路股[3]（Chicago，Burlington & Quincy Railway stock），後來我分得的利潤為3.12美元。從那時起，我開始正式加入投機者的隊伍。

　　我認為在目前的市況下，那些習慣大手筆交易的舊式投機者，成功獲

利的機會不會太多。這裡所說的舊式投機者，當時他們身處的市場非常廣闊，流動性也很高，投機者可持倉5,000股或10,000股，買入賣出也不會大幅影響價格。

當舊式投機者首次買入股票後，如果股票走勢不錯，他們可以很方便地增加持倉量。那時候，即使他們判斷錯誤，也可輕易平倉而不會蒙受重大損失；不過，發展到了今天，由於市場相對狹窄，如果投機者的首次買入後股價靠不住，那麼如果再改變策略便會損失慘重。

上面所說的是今天投機者的劣勢，但也正如我在前面所指出的，今天的投機者如果有足夠耐性及判斷力，等到合適的時機再行動，那麼最後套現獲取厚利的機會也會較大。這都是因為現在的市況已經逐漸走上了正軌，容不下太多人動作，以往這些動作出現得過於頻繁，便會干擾所有科學計算的結果，令這些結論不管用。

因此，在現今的市況下，聰明的投機者不會盲目照搬數年前常見的模式買賣。聰明的投機者會花更多的時間研究數個股票類別及這些類別中的領頭羊股，謀定而後動。股市已經進入了一個全新的時代，這個時代給明智、勤奮和能幹的投資者及投機者，帶來了更可靠的成功機會。

【注釋】

1. 20世紀20年代，美國經濟快速增長，尤為突出的是，在此之前只有富有階層享有的一些技術創新成果得到了廣泛的傳播。不僅汽車得到廣泛的使用，電氣化也開始向美國全國擴張。電燈、吸塵器、洗衣機和無線電廣播都是在這個時期普及和應用的。和20世紀初一樣，技術進步改變了人們對未來的預期，一直到1929年股市崩盤之前，理論家還在看好當時的股票市場。——譯者注

2. 安納康達成立於1881年，是當時的銅業界巨頭，經歷多次起跌，後來衰敗下來，於1977年被收購。——譯者注

3. 芝加哥-伯靈頓-昆西鐵路成立於19地紀，服務於美國中西部地區，其後因美國鐵路業走向下坡，於1970年與其他鐵路公司合併。——譯者注

第4章：管理手中的餘錢

當你管理手中的餘錢時，一定要親自出馬，不要假手他人。

不論是處理上百萬的大錢，還是數千的小錢，都一樣要親力親為。這是你的錢，只有小心看護，它才會始終屬於你。不可靠的投機方式註定是虧損錢財的主要途徑之一。

不稱職的投機者會犯下各色各樣的重大錯誤，簡直是無奇不有。

前文中我曾經警告過讀者，對已經虧損的部位切不可在低位再次買進，試圖攤低平均成本。然而，那恰恰是一般投機者最常見的做法。很多人在一個價位買進股票，我們假定買入價為50美元，幾天之後，如果股價下跌，投機者可以在47美元再次買進，他們的心裡就會產生向下攤低成本的強烈欲望，於是他們非得在47美元另外再買100股，把自己所持有的股票的成本價攤低到48.5美元不可。你已經在50美元買進100股，並且對100股虧損3個點憂心忡忡了，那麼，有什麼理由一定要再買進100股，如果股票價格跌到44美元，那時你豈不是要雙倍地擔驚受怕？到那時，第一次買進的100股讓你的帳戶虧損600美元，第二次買進的100股又會讓你再次虧損300美元。

如果有個人打算按照這種不可靠的準則行動，他就會一直堅持攤低成本，市場跌到44美元，再買進200股；繼續下行到41美元，再買進400股；

到38美元，再買進800股；到35美元，再買進1,600股；到32美元，再買進3,200股；到29美元，繼續買進6,400股，依此類推。想一下有多少投機者能夠承受這樣的資金壓力？如果能夠把這樣的投機方法執行到底，倒是不應當放棄它。上面例子裡所說的異常行情現實中並不經常發生。然而，投機者或投資者恰恰需要對這種異常行情始終保持高度警惕，以防災難的降臨。

因此，儘管有囉唆和說教的嫌疑，我還是要強烈地建議你不要採取攤低成本的做法。

從經紀商那裡，我從來只得到過一種確定無疑的「內幕」消息——追加保證金的通知。當這樣的通知到達時，你要做的應該是立即平倉。不要站在市場錯誤的一邊。為什麼要把好錢追加到壞錢裡去？把這些好錢放在荷包裡多放上一天。把它拿到其他更有吸引力的地方去冒險，不要放到顯然正在虧損的交易上。

聰明的成功商人願意賒帳給形形色色的客戶，但是，肯定不願意把所有的產品都賒給唯一的一個客戶。因為客戶的數量越多，風險也變得越分散。正是出於同樣道理，做投機生意的人在每一次冒險投機的過程中，也只應投入金額有限的一份資本。因為對於投機者來說，資金就是商人貨架上的貨物。

有一個通病是所有投機者都具有的，那就是急於求成，總想在很短的時間內從股市中賺大錢。他們不是花費2～3年的時間來使自己的資本增值

你能從股市上賺大錢，但也能在股市上賠大錢，這一點我們已經親身體驗。買入任何一家公司股票之前，一定要先做好研究。

★ 彼得・林區

500％，而是奢望在2～3個月內就做到這一點。只有少數的幾次，他們會碰巧成功。然而，此類大膽的交易商有沒有笑到最後呢？答案是沒有。為什麼？因為這些錢來得不穩妥，來得快去得快，只在他們那裡過手了片刻，這樣的投機者缺少穩定的平衡感。他說：「既然我能夠在兩個月之內使自己的資本快速增值500％，想想下兩個月我能得到多少！我要發大財了。」

這樣的投機者永遠不會滿足到手的利益。他們孤注一擲，不停地向股市中投入自己所有的力量或資金，直到他們在某個位置犯錯，終於一敗塗地——某個變化劇烈、無法預料、悲劇性的事件。最後，經紀商終於發來最後的追加保證金通知，然後他們已經付不出這樣巨大的金額，於是，這個豪賭的賭客就像流星一樣消逝了。也許他會求經紀商再寬限自己幾天時間，或者如果不是太不走運，或許他曾經留了一手，儲蓄了一份應急資金，可以重新有一個較低的起點。

假設某個商人新開了一家店鋪，他大概不會指望頭一年就從這筆投資中獲利25％以上。但是對進入投機領域的人來說，25％連最低標準都夠不上，他們想要的是100％的利潤。他們的想法是經不住推敲的，他們沒有把投機看作一項嚴肅的商業事業，並按照商業原則來經營這項事業。

還有一個小問題，也許值得注意一下。投機者應當將以下這一點看成一項行為準則：當一次成功的交易平倉了結後，投機者應該取出一半的利潤，放到保險箱裡儲存起來。事實上投機者唯一能從華爾街賺到的錢，就是當投機者了結一筆成功的交易後從帳戶裡提出來的錢。

我想起了一件我在棕櫚海灘度假時的往事。當我離開紐約時，手裡還持有一筆數額巨大的空頭部位。幾天之後我到達了棕櫚海灘，這時市場出現了一輪劇烈的下跌行情。這是將「紙上富貴」兌現為真正金錢的最後機

會——我也這麼做了。

當天收市後，我給電報員一條紙條資訊，要他幫我通知紐約的交易廳，立即從帳戶中提出一百萬美元存到我的銀行帳戶中。那位電報員幾乎嚇得昏死過去。在發出這封電報之後，他問我他能否收藏那張紙條。我問他為什麼，他說，他已經當了二十年的電報員，但這是他經手拍發的第一份客戶要求經紀商為自己在銀行存款的電報。

他還說道：「我看到過經紀商發出成千上萬條電報，不停地要求客戶們追加保證金。但是以前從沒人像你這麼做過。我打算把這張條子拿給兒子們看看。」

一般的投機者很少能夠從經紀公司的帳戶上取到錢，要麼是他沒有建倉的時候，要麼是他有額外資產淨值的時候。當市場朝著不利於他的方向變化時，他不會把錢提走，因為他需要這些資本充當補倉保證。當他結束一筆成功的交易之後，他也不會支取資金，因為他對自己說：「下一次，我將賺取雙倍的利潤。」

因此，絕大多數投機者都很難看到錢。對他們來說，經紀公司帳戶上的錢從來不是真實的，不是看得見摸得著的。多年來，我已經養成習慣，在成功交易後都要提取部分現金。慣常的做法是，每一筆提取20萬美元或30萬美元。這是一個好策略，在心理上也有價值。你可以試一下這個方法，也把它變成你的策略。把你的錢點一遍，我就這樣做過。我知道自己手中有實實在在的錢，我感覺得到，它是真實的。

那些放在經紀商帳戶裡的錢或放在銀行帳戶裡的錢，和你手中的錢是不一樣的，手裡的錢你的手指可以觸摸到，觸摸到了後就有了某種意義——實際擁有的感覺可以稍稍減輕你做出任性投機決策的衝動，而衝動

的投機決策導致了獲利流失。

因此，你要時常看一看你到手的錢財，特別是在你這次交易和下次交易之間更應該看一下。

一般投機者在這些方面往往存在太多散漫、輕率的毛病。

當一個投機者幸運地將原來的本金在股市中倍增後，他應該立即把利潤的一半提出來，放在一邊作為儲備資金。這個方法曾經對我大有裨益。唯一的遺憾是，我沒能在自己的職業生涯中始終貫徹這一原則。在某些地方，它本來會讓我的投資之路更順利一些的。

除了華爾街以外，我沒有在其他任何地方賺過1美元，但遺憾的是從華爾街賺到的數百萬美元，卻都因「投資」於其他項目而輸得精光。還記得我投資過的佛羅里達州暴漲的房地產業、油井、飛機製造業，以及新發明優化及推廣產品，在這些專案中我也總是在做賠本買賣，投進去的資金一點也沒剩下。

除了上述投機項目業務以外，還有一項業務我也十分感興趣，於是我勸說一位經紀人加入，試圖說服他投入5萬美元。他認真地聽了我的建議，當我說完後，他便說道：「李佛摩，你在自己本業之外的投機生意中，從來都沒賺過錢。現在，如果你想要5萬美元來投機，只要你要，你就會得到，但在投機時，請不要自己沾手這個生意。」

投資者應該在市場的轉折處進行投資，要把握好由量變到質變的臨界點，對市場未來的走勢做出準確的判斷，然後一直堅定地走向下去．在達到臨界點之前迅速地進行投資。

★ 索羅斯

出乎意料的是，第二天早上郵差便送來一張巨額支票給我。不要把經紀人當朋友這個教訓，說明了投機本身就是一門嚴肅的生意，人人也應視之如此，而不能耽於私交。

不要讓自己輕易受到別人煽動、逢迎或誘惑的影響。應當牢記一點，經紀人有時會是導致投機者失敗的最主要原因之一。

經紀人是以收取傭金為業，如果客戶不交易，他們就無法獲得傭金：客戶的成交量越大，他們便能賺取越多傭金。投機者想的是買賣股票，而經紀人不單希望他們進行交易，更多時候還會蠱惑他們過度交易。

一些無知的投機者往往把經紀人視為可靠的朋友，不久便會無節制地交易。

如果投機者足夠精明，自己知道什麼時機可以進行超額買賣，也無可厚非。他知道何時可以或應該進行大額買賣，不過，一旦這成為習慣，就只有極少數投機者能夠保持清醒，在必要時可以懸崖勒馬。因為他們處於興奮瘋狂時，往往會失去平時應有的警醒，而警醒正是制勝關鍵。他們永遠不會想到會有犯下大錯的一天，而當那天來臨時，曾經從股市中輕鬆賺取的錢財便會不翼而飛，又一個投機者落魄收場。

因此除非你肯定自己的財務狀況穩健，否則不要做任何交易。

第5章：關鍵點

　　任何時候，我總是耐心地等到市場到達我所說的「關鍵點」後才動手，這樣我就總能從交易中獲利。

　　為什麼會這樣呢？

　　因為在這種情況下，我選擇的是行情剛剛啟動的心理時機。我永遠也不必懷著虧損的焦慮，原因很簡單，我總是在準則發出信號時就果斷採取行動，並根據準則發出的信號逐步買入股票。之後，我唯一要做的就是靜待市場變化，任由市場按照本身的發展規律展開行情，我知道只要這樣就可以，市場自身就會在合適的時機發出獲利套現的信號，讓我順利結束交易。任何時候，只要鼓起勇氣和耐心等待這樣的信號，我就能按部就班，從不例外。

　　我的經驗已經證明了一個問題，如果沒有做到在行情剛剛啟動後就入市，我就無法從這輪行情中獲得太大的收益。原因可能是，如果沒有及時入市就會錯失初期積存的一段利潤，而在後來行情演變過程中，直至行情結束，這段利潤都是確保投機勇氣和耐心的重要因素，因此是十分必要的——在行情的變化過程中，直至行情結束，走勢必定會不時出現各種各樣的小規模回落行情或回升行情，有了前期的利潤保障我就能按兵不動地等待這種過程結束。

就像市場在適當時機向你發出積極的入市信號一樣，同樣地，市場也會向你發出消極的離場信號，只要你有足夠的耐心等待。「羅馬不是一天建成的」，沒有哪個重大市場走勢會在一天或一個星期內一蹴而就，它總是需要一定的時間才能逐步完成發生、發展、完結的整個過程。下面一點是非常重要的，在一輪行情中，大部分市場變動是發生在整個過程的最後四十八小時內，這是最重要的入市時機，也就是說，在這段時間內一定要持有資金，讓自己置身場內。

　　舉個例子。假定某檔股票已經在下降趨勢中運行了相當長時間，達到了40美元的低位。隨後，市場形成了一輪快速的反彈行情，股價在幾天之內便上漲到45美元。接下來，股價又開始回落，幾個星期的時間裡股價始終在幾個點的範圍內調整。此後，它又開始延續前一段時間的上漲行情，直至達到49.5美元的高度。隨後幾天市場又變得很沉悶，終於有一天，它再度活躍起來，首先下滑了3～4個點，後來繼續下滑，直到股價接近40美元的關鍵點價位為止。

　　正是在這樣的時刻，需要特別小心地觀察股價變化，因為如果股價要確定無疑地恢復原有的跌勢，就應當首先下跌到比關鍵點40美元再低3到4點的位置，然後才能形成另一輪明顯的反彈行情。

　　股市下跌沒什麼好驚訝的，這種事情總是一次又一次發生，就像明尼蘇達州的寒冬一次又一次來臨一樣，只不過是很平常的事情而已。如果你生活在氣候寒冷的地帶，你早就習以為常，事先早就預計到會有氣溫下降到能結冰的時候，那麼當室外溫度降到低於零度時，你肯定不會恐慌地認為下一個冰河時代就要來了。而你會穿上皮大衣，在人行道上撒些鹽，防止結冰，就一切搞定了，你會這樣安慰自己──冬天來了，夏季還會遠嗎？到那時天氣又會暖和起來的！

★ 彼得・林區

如果市場沒能向下跌破40美元的關鍵點，這就是一個重要信號，一旦市場從當前向下回檔的低點開始向上彈升3點，就應該買進。如果市場雖然向下跌穿了40美元的關鍵點位，但是下跌的幅度沒有達到3點，那麼一旦市場上漲至43美元，也應該趕快買進。

如果出現了上述二種情形中的任何一種，你就會發現基本上這都標誌著一輪新走勢的開始，如果市場以明確方式來承認新趨勢的形成，那麼股價就將持續上漲，一直上升到另一個關鍵點49.5美元以上——而且比這個關鍵點高出3點或更多。

在描述市場趨勢的時候，我沒有使用一般常用的「牛市」和「熊市」兩個詞，因為我覺得，一旦在市場行情方面聽到「牛市」或「熊市」的說法，很多人就會立即認為市場將在一段非常長的時間裡一直按照「牛市」或「熊市」方式運行。

問題是那種明確的趨勢並不經常發生——每4到5年才會發生一次——而在沒有發生此類明確行情的時候，還會出現很多持續時間相對較短但漲跌分明的趨勢。因此，我寧願使用「上升趨勢」和「下跌趨勢」這兩個詞來形容，它們恰如其分地說明了市場在一定時間內即將發生的情形。

我們進一步說明這個問題，假如你認為市場此時即將進入上升趨勢而入市買進，持股幾個星期之後，經過再次研究你又得出了另一個結論，即市場將轉向下跌趨勢，你會發現，自己很容易就能接受趨勢由上升轉下跌的事實。反過來，如果當初持有市場處於明確「牛市」或「熊市」的觀點，而你的觀點又恰巧被市場證實，那麼再要轉變思路就困難得多了。

結合時間要素的「李佛摩氏股價記錄法」，是經過30餘年潛心研究各項準則的結果，這些準則為我預測即將到來的重大市場走勢提供了基本的

指南。

在我完成第一次記錄後，發覺它的作用並不大。沒過幾個星期，我又再次有了新想法，於是又做了新的記錄；相比上一次，這一次有了一點進步，但是還是沒能取得我需要的資訊。就這樣經過多番思考，做了一批又一批的記錄後，一個全新的構思在我的大腦中逐漸形成，這些不間斷的記錄也開始露出端倪。

而當我將時間要素應用到股價走勢時，這些記錄便開始揭示出我想要得到的資訊！

從此之後，我又嘗試使用不同的方法將時間要素與股價走勢結合，漸漸地我能夠確定「關鍵點」的位置，並掌握了如何從市場中獲利的確切方法。後來我又在此基礎上多次修改計算方法，直到今天，這些記錄仍舊能夠向你傳達股市資訊，問題的關鍵是你要懂得如何去做。

當投機者能夠很好地判斷某股票的「關鍵點」並瞭解當時市場的情況，大概可以確定他一開始便把握了準確的時機入市買賣。

在許多年前，我就已經開始利用最簡單的「關鍵點」方法入市買賣，並從中獲利。我發現當某檔股票的價格上漲至50美元、100美元、200美元甚至300美元的水準時，往往隨後便會出現一陣強勁而迅速的跌勢。

我第一次嘗試使用「關鍵點」入市獲利，選取的對象是安納康達股份（Anaconda stock）。當這檔股票漲至100美元時，我便迅速入場買入4,000股。這批股票完成交易後幾分鐘，股價已經升至105美元，這檔股票還在同一天內繼續上升10個點，第二天仍舊維持攀升趨勢。經過幾次幅度達7～8個點的正常調整後，股票的升勢依然凌厲，在很短的時間內衝破150美元的高位，100美元的「關鍵點」從未受到威脅。

就是從那時起，我很少會錯過那些可以運用「關鍵點」入市的良機。

　　當安納康達的股價漲到200美元以上時，我再一次利用「關鍵點」入市；到300美元的高價位時也不例外。可是，此時的股價已經沒有了之前的凌厲漲勢，只是升到302.75美元就止步不前。很明顯，這是個危險信號，此時股票氣勢轉弱投機者就應該迅速離場了。

　　因此，我將手上的8,000股全部賣出，其中6,500股幸運地在兩分鐘內成交。這之中有5,000股是以每股300美元的價位成交，而另外1,500股則以299.75美元的價位成交。餘下的1,500股則花費了25分鐘並以每次交易100股或200股的速度全部賣出，成交價位是每股298.75美元，這也是當日的收市價。

　　我深信，如果翌日這檔股票的股價跌破300美元，那麼就會暴跌不止。市場在第二天開市後果然驗證了我的預測，這次股票交易真的非常刺激！安納康達股份在倫敦市場急劇下挫，其後紐約股市開市後又繼續走低。沒幾天的工夫，股價就跌到了225美元。

　　在實戰中運用「關鍵點」預測市場未來走勢的時候，一定要記住一點，如果股價在上漲過程中突破「關鍵點」後，市場表現與應有的不相符，這就是必須留意的危險信號。

　　從上述例子中可以看清這一點，當安納康達的股價持續上漲並突破了300美元時，其表現迥異於突破100美元及200美元時。那時的漲勢非常凌

　　投資交易是一個漫長又充滿等待的過程，利潤很多的時候不能馬上顯現出來。

　　　　　　　　　　　　　　　　　　　　　　　　　　　　★ 索羅斯

屬，股價上漲衝破「關鍵點」後仍會上升最少10～15個點。然而，當股價突破300美元水準時，市場上供大於求，要買入股票不再是難事，反而是市場充斥著大量等待賣出的股票，數量之多使升勢不能維持。因此，這檔股票在股價衝破300美元後明顯變得不宜沾手，同時這次的表現也說明，股價衝破「關鍵點」後不再有以往那股氣勢了。

還有一次，我在買入伯利恆鋼鐵公司[①]（Bethlehem Steel）股票前，一直等了三個星期。後來這檔股票在1915年4月7日上漲到了87.75美元的歷史高位。

因為我注意到這樣一個問題，股票每當穿破「關鍵點」後股價便會迅速上揚，而且我堅信伯利恆鋼鐵公司的股價會衝破100美元，於是在4月8日開始入場，在99～99.75美元之間分批買入股份。4月8日的收市價為117美元。之後，這檔股票連漲五天，過程中只進行了輕微的調整，這波漲勢直到4月13日才漸漸放慢，而這時的賣出價已經達到了155美元的高位。這個例子說明，只有耐心等待、善於捕捉「關鍵點」的投機者，才能賺取大筆利潤。

我認為伯利恆鋼鐵公司的股票可能還會有更好的表現，所以當股價漲到200美元時我故伎重施，到300美元時也一樣，到400美元這個讓人目瞪口呆的高位時我仍然大膽出擊。事情並沒有就此結束，因為我早已預測了當股價跌破「關鍵點」，也就是說當熊市來臨時會怎麼樣。我學會的重要技巧之一，就是留意當前走勢能否持續。我發覺，當股價向上突破某個價位、欲漲乏力時，要清倉離場並不是很困難。

這確實很湊巧，每次當我失去了等待「關鍵點」出現的耐心，想著可以隨便入市，不花太大心思就能賺取利潤時，我總是賠錢。

從那時起，我按照不同類別劃分了股票。一部分是價位較高的股票，另一部分是經過認真分析認為上漲機會不大的股票。當然，讀者也可以使用其他方法來判斷「關鍵點」。例如，某檔股票已經上市兩三年了，股價高位為20美元（也可假設其他價位），而這也是兩三年前新股發行時的價位。如果這家公司出現利多的消息，股價開始上漲，通常在股價達到新高位時買入是安全的。

　　任何一檔股票都可以在50美元、60美元或70美元的價位買入，當股價上漲了20個點或更高的水準後賣出，然後在高低價位之間守一至兩年。在那之後，如果股價水準比之前的低位還要低，那麼就意味著這檔股票將會大跌。為什麼呢？之所以會出現這種情況必定是這家公司出了問題。

　　記錄股價漲落的同時參考時間要素，就能夠找出很多這樣的「關鍵點」，投機者就可以在走勢有明確發展時進行交易。但是，學會利用「關鍵點」進行交易是需要有足夠耐心的。你必須花時間鑽研股市行情，親自做記錄，標記有關「關鍵點」的價格。

　　這種分析記錄所產生的影響，幾乎是難以想像的。對個人投機者來說，找到了「關鍵點」不亞於發現了一座金礦。當你根據自己的判斷來進行交易並獲得了成功，這份成果會使你感到愉悅和滿足。同時，與靠小道消息或別人的指引獲利，這種獲利方法會使人有更大的成就感。如果你能夠憑藉自己的能力把握這個機會，自行交易，耐心等待，並注意危險訊號，你便能一點點培養出恰當的思考方法。

工作量和成功恰好成反比。

★ 索羅斯

在這本書的最後幾個章節裡，我會詳細闡釋我的投機方法，說明如何與「李佛摩的市場方法」結合運用，去判斷較為複雜的「關鍵點」。

很少有人能夠單靠小道消息或其他人的建議而從股市中獲利。很多人四處打探而得到了消息後，卻又不懂得如何運用。

有一次參加晚宴，宴會上一位女士不斷糾纏著我，要求我給她一些選股建議。我不勝其煩，最後只得告訴她買入塞羅-德帕斯科[②]（Cerro de Pasco）股票，這檔股票在當日剛好衝破了上漲中的「關鍵點」。第二天開市時，這檔股票上漲了15個點，而在其後的一個星期則只有輕微的調整。

後來這檔股票的股價走勢中出現了危險訊號。我還記得這位女士曾向我詢問市場消息，於是便讓我妻子打電話給她，告知她應儘快賣出股票。但讓我沒有想到的是，她其實並沒有買入這檔股票，因為她要先看看我的消息是否靈驗，通常市場消息就是如此罷了。

期貨市場也經常出現十分誘人的「關鍵點」。可可豆是在紐約可可豆期貨交易所上市買賣的，很多年來，這種期貨的波動不大，因而沒有太多機會值得投機。然而，要將投機看成一門生意，就要關注不同的市場，物色極具潛質的機會。

1934年，12月份到期的可可豆期貨在2月漲至6.23美元的高位後，在10月又跌回4.28美元的低位。1935年的高位是2月份的5.74美元，低位是6月份的4.54美元。1936年的可可豆期貨的低位是3月份的5.13美元，但是就在這

　不一定每天都去辦公室，給自己留點閒暇時間，哪怕去散步或閒逛都好，放鬆一下繃緊的神經，有利於保持清醒頭腦，在關鍵時刻做出最敏捷的反應和判斷。

★ 索羅斯

一年8月，可可豆市場由於某些原因發生了巨大的變化，交投大幅增加，市場煥然一新。在該月份可可豆的賣出價高達6.88美元，比前兩年的最高價還要高許多，也順利地衝破了前兩次的「關鍵點」。

同年9月，可可豆期貨上升至7.51美元的高位；10月份的高位為8.70美元；11月份為10.80美元；12月份為11.40美元。在1937年1月，價格在短短五個月內迅速上升600點，達到創紀錄的12.86美元，期間只出現了小幅度調整。

這個市場多年來都只是在做平穩波動。很明顯，這次市場出現急升是因為可可豆的供應非常短缺。那些留意「關鍵點」的人就會發現，可可豆期貨市場也是個不錯的投機市場。

正是因為你親手做了股票價格漲跌的記錄，並細心觀察到市場的變化，股價便會向你透露很多微妙的資訊。這時候，你會突然意識到自己所勾畫的價格走勢圖，顯示出某種特定形態正在形成，而且形態看起來已經越來越清晰。

這些形態給你的啟示是去翻查所做過的記錄，看看過去曾經發生過的一些重大變動，是不是同樣在類似的情況下發生。那幅走勢圖也在告訴你，利用精確的分析和良好的判斷力，就能夠得到正確的結論。價格走勢變化也是在提醒你，每一次重大的變動，只不過是重複以往的歷史。一旦你洞悉了市場過去的表現，就能準確預測下一個變動的來臨，並且從中獲利。

> 對我來說，意識到我的錯誤是驕傲的來源。我們一旦意識到人類在認知事物方面存在缺陷，犯錯並不可怕，可怕的是不去改正我們的錯誤。
>
> ★ 索羅斯

需要強調的一點是，我並非認為這些記錄是完美無缺的，只是能夠利用其為我服務而已；但是我知道，至少預測未來市場走勢的基礎已經打好了，只要人們堅持做價格記錄，並對這些記錄加以分析研究，那麼在市場買賣中便不會賠本。

如果將來有人效仿我的方法記錄股票價格，並且賺錢比我還要多，我也不會感到吃驚。這是因為我根據所作的記錄加以分析，在前些日子已得出上述結論，人們開始利用這個方法時，也許會找到我錯失的但更有價值的新關鍵點。

還需要再說明的是，我應用這個方法已有一段時間，獲得的成果已經完全滿足了我的個人所需，因此我沒有再做進一步的探究。然而，有人或許在這個基本方法的基礎上，領悟到新構思並加以實踐應用，讓這個方法更有價值。

假如有人有能力做到這一點，我絕不會妒忌他們的成就。

【注釋】

1. 伯利恆鋼鐵公司成立於1857年，1904年由伯利恆鋼鐵公司合併了聯合鐵廠和其他幾家較小的公司。公司主要奠基人是齊瓦勃。伯利恆鋼鐵公司曾是美國最大的鋼鐵生產商之一，亦曾是全球最大的造船公司之一，於2001年破產。——譯者注

2. 塞羅-德帕斯科是一家當時的上市礦業公司。——譯者注

第6章：切勿操之過急

我之所以寫下這幾章，目的是要明確若干一般交易的準則。稍後，將要講解具體交易方法，即將時間要素和價格結合起來的具體準則。

應當指出，這些一般交易準則是很有必要的。因為太多的投機者往往一時衝動就買進或賣出，或者幾乎在同一個價位上用盡所有資金，而不是拉開戰線，這種做法是錯誤而危險的。

讓我們來做個假設，你想買進某種股票500股，第一筆先買進100股，然後，如果市場上漲了，再買進第二筆100股，依此類推。後來買進的每一筆買入價必然比前一筆更高。

這樣的方法也應當應用在賣空的時候，除非這一次的賣出價比前一次更低，否則絕對不要再賣出下一筆。就我所知，如果遵循這一準則行事，會比採取任何其他方法都能保證自己站在市場正確的一邊。原因就在於，按照這樣的方法，所有的買賣自始至終都會獲利。你從買賣中的確獲得了利潤，這一事實就是證明你正確的有力證據。

根據我的慣常做法，第一步，你需要估計某個股票未來的行情走勢；第二步，你要確定自己在什麼樣的價位入市，這是重要的一步。分析你的價格記錄本，仔細琢磨過去幾星期的價格走勢。之前你已經認定，如果你所選擇的股票真的開始一波上升趨勢，那麼它應當到達某個點位；當它果

真到達這個點位時，正是你第一次入市的良好時機。

買入第一筆股票後，你要明確萬一判斷失誤，自己願意承擔多大的風險金額。假如根據這個理論行事，也許會有一兩次你的交易是虧損的。但是，如果你堅持下去，當市場到達你認定的關鍵點時就再次入市，那麼，一旦真正的市場運動開始，你就已經身處場內了，基本上你就不會喪失機會。

然而，謹慎選擇時機是很重要的，操之過急就會付出慘重代價。

讓我告訴你，有一次我因為欠缺耐心，沒有選好時機，結果和一百萬美元的利潤失之交臂，每次想起這件事，我都倍感困窘，感覺太丟臉了。

多年以前，我曾經對棉花期貨感到很樂觀，我的看法非常明確，認為棉花即將出現一輪很強的漲勢。但是，就像常常發生的那樣，此時市場其實尚未成熟，然而，我一得出結論，就迫不及待地一頭撲進棉花市場。

一開始，我先買入了2萬包期貨棉花，以市價買進。這筆交易把原本沉悶的市場刺激得上升了15點。但當我的最後100包成交後，市場便開始下滑，24小時之內就跌回了開始買進時的價格。在這個價位上，市場徘徊了許多天。最後，我厭倦了這一切，於是全部賣出，這次交易，包括傭金在內讓我損失了大約3萬美元。自然，我的最後100包是在下跌行情的最低價成交的。

幾天之後，棉花期貨市場又再次對我產生了吸引力。它在我腦子裡揮之不去，我就是不能改變原先的看法，始終認為該市場即將形成大行情。於是，我再次入市買進了2萬包期貨棉花。歷史重演，我的買進指令使得市場向上彈升，之後又「砰」的一聲跌回到起點。等待上漲的過程令我苦惱，因此我又將自己手中的期貨平倉，其中最後一筆再次在最低價成交。

六周之內，這種代價高昂的交易我竟重複了五次，每次的虧損都在2.5萬美元至3萬美元之間。我開始變得討厭自己。我白白耗費了接近20萬美元，卻連一點滿意的滋味都沒嘗到。於是，我吩咐自己的經紀人，讓他在我第二天走進辦公室之前將棉花行情收報機弄走，我不想到時候再次禁不住誘惑，又進入棉花期貨市場。這件事實在令人鬱悶，然而在投機領域，無論何時都需要保持清醒的頭腦，這種情緒顯然於事無補。

那麼，後來到底怎樣了呢？就在我搬走棉花行情報價機、對棉花市場完全失去興趣的兩天之後，市場開始上漲，並且上漲趨勢一直持續下去，直至漲幅達到500點。在這輪異乎尋常的上漲行情中，中途僅僅出現過一次向下調整過程，幅度為40點。

就這樣，我失去了自己所預計出的最具有吸引力、最堅挺的交易機會之一。總結一下，有兩個方面的基本原因。

首先，我沒有做好耐心地等待價格行情的心理準備，等時機成熟後再入市操作。我心中已有預計，只有棉花的成交價上升到每磅12.5美分，才說明它真正進入上升通道，並且還將向高得多的價位前進。但是事與願違，我就是沒有那份自制力去等待。我只是一廂情願計畫著，一定要在棉花市場到達買入點之前多掙一點，因此在市場時機成熟之前就動手了。結果，我不僅損失了大約20萬美元的真金白銀，還喪失了賺取100萬美元的贏

因為我這麼有批判性，別人經常認為我是反市場派，但是，我對逆勢而行非常謹慎，我可能慘遭趨勢踐躪。根據我的趨勢理論，趨勢最初會自我強化、最後會自找毀滅，因此在大多數情況下，趨勢是你的朋友，只有在趨勢變化的轉捩點趨勢追隨者會受到傷害大部分時間我都是趨勢追隨者，但是，我隨時都警覺自己是群眾的分子，一直在注意轉捩點。

★ 索羅斯

利機會。按照我頭腦中本來的規劃，打算在市場突破關鍵點之後，分批買入，聚集10萬包的籌碼。如果照計而行，我就不會錯過從這輪行情中賺取200點左右利潤的機會了。

其次，因為自己判斷失誤，就讓自己越來越懊惱，對棉花市場越來越厭惡，這種情緒和穩健的投機步驟是不相符的。我的損失完全是由於缺乏耐心所致，沒有耐心地等待恰當時機到來，以便順利實施自己預先形成的意見和計畫。

犯了錯誤不要再辯解。很久以前，我就學會了這一課，所有的同行都應當學會這一課。坦白承認錯誤，盡可能從中汲取教益。我們統統明白什麼時候自己是錯誤的。市場會告訴投機者什麼時候他是錯誤的，因為那時他一定正在賠錢。當他第一次認知到自己是錯誤的時候，就是他了結出市之時，應當接受虧損，盡量保持微笑，研究行情記錄以確定導致錯誤的原因，然後再等待下一次大機會。他所關心的，是一段時間的整體結果。

甚至在市場告訴你之前，你有時就能先知先覺地預感到自己的錯誤，這是一種相當高級的判斷力。這是來自潛意識的祕密警告。這種預感往往來自投機者內心並建立在市場歷史表現的基礎之上。有時候，它是交易準則的先遣部隊。下面我會詳細解說這一點。

在20世紀20年代末期的大牛市運行期間，我有幾次手中持有大量不同的股票，這些股票都持有了很長時間。在這期間，雖然市場上也不時出現調整，但我卻從未擔心過手中的股票。

不要買太多股票，多了你就無法及時瞭解每一家公司的最新動態。

★ 彼得・林區

不過，總有那麼一天，在收市過後我開始變得焦躁不安，並且在當天晚上徹夜難眠，整個人沉浸在一種無可名狀的擔憂之中，擔憂市場形勢。第二天早上醒來，就趕快帶著擔憂的心情去閱讀報章。某種不祥的徵兆好像快要出現，但是眼前聽到和看到的又都是美好的，我只能想像自己這種擔憂的感覺不過是庸人自擾罷了。看當天市場的表現，或者高開，或者表現很好，而且股價可能會攀升至最高點。回頭想像自己昨晚的徹夜難眠，可能會感覺可笑。然而，根據我多年的經驗我深知，這種感覺並非可笑。

到了第二天，市場情況急轉而下。這並非當天發生了什麼災難性事件，只不過是市場經過較長時間較大幅度的上升後，突然轉勢而已。這時候我往往會坐立不安，反覆思考該如何迅速將手上一批批的股票賣出。在一天前，我還可以在上下兩個點之間，將手上所有的股票平倉。不過，到今天，情況已經完全不同了。

我相信這種感受很多參與市場操作的人都曾經有過，每當市場本身看來一切都順風順水、股市行情蓬勃向上時，在你的心底深處卻常常響起危機警告訊號。一個投機者只有長期研究市場，並參考了有關市場的資料後，才能培養出這些奇特的預感。

老實說，我其實經常懷疑這些來自內心深處的警告訊號是否準確，從理智上我更偏愛運用冷靜、客觀的科學方法來考察市場。不過事實上，很多時候當我感覺自己如同在風平浪靜的大海上航行時，心中可能會產生一種焦躁不安的感覺，而如果我重視並認真對待這種感覺，便會受益匪淺。

像這類頗為有趣的瑣碎買賣資訊，往往很少有人會注意到，因為只有對市場形勢敏感的人士，或者使用科學方法研究市場走勢的人士，才會有這種明顯的危機感。而對於一般的投機者而言，他們對市場的預期，基本

上是受道聽塗說或報章上的股評所影響。

要記住這樣一點，在任何一個市場上，在數以百萬計的投機者之中，其實只有很少人是在全力鑽研投機活動。絕大部分投機者都是將投機看成是一場勝負均等的昂貴交易而已。即使是一些靈活睿智的商家、專業人士，又或退休人士，也只是將這類活動看成聊勝於無的副業。也因此，他們不會太過在意市場發展。如果不是得到經紀或客戶提供的消息，他們大部分都不會參與股票買賣。

個別時候，也有人會因為認識某大機構一個委員會的成員，並根據從對方手裡得到內幕消息開始買賣。下面我說一個虛構的案例。

在一次午餐會或晚宴上，你碰巧遇到了在某大機構工作的朋友，大家談了業務上的普通話題後，你便問到有關該機構的看法。你的朋友可能會回應道，這家公司不錯啊。他們的業務很快會好轉，前景也非常美好。沒錯，要買入這檔股票現在正當時。

他還會態度誠懇地說：「這檔股票的確是一檔值得買入的好股票。我們的收益會很理想，事實上，業務比過去幾年好得多。吉姆，你還記得上次股市大漲時，我們這檔股票的賣出價嗎？」

這一番交談之後，你對這檔股票的興趣大增，回頭就迫不及待地買入。然後天遂人願，該公司公布了最新的業績，每份財務報表都顯示業務比上一個季度有所增長，而且這家公司還宣佈派發特別股息，使得股價繼

> 擁有股票就像養孩子一樣——不要養得太多而管不過來。業餘選股者大約有時間跟蹤8－12家公司，在有條件買賣股票時，同一時間的投資組合不要超過5家公司。
>
> ★ 彼得・林區

續上漲：而你亦沉醉於紙上富貴裡。可是一段時間過後，該公司的情況出現了轉折，業務開始下滑，但你此時還沒有看清大勢，只知道股價已經急跌，於是趕緊致電那位朋友。

他說：「不錯，股價的確跌了不少，營業額也減少了，這只不過是暫時現象而已。聽說市場上現在有不少看空者，他們很多都沽空，因此令股價受到打壓。」

同時，他還會再重複一些陳腐的道理，去隱瞞真相。其實股價下跌的原因很簡單，他與合作夥伴持有這家公司大量股票，由於看到業務形勢不對並出現大跌的訊號正急於清倉離場，這個時候市場能承接多少便賣多少。如果他向你說出真相，那就等於是鼓勵你及你認識的朋友拋售股票，這樣一來拋售壓力就更大了，所以他的舉動可以說是一種出於自保的行為。

透過上述的例子你就很容易理解為什麼你的朋友，也就是那些業內的知情人士，他們很樂意告訴你什麼時候買入股票，但不會通知你什麼時候賣出股票。因為如果他這樣做，那便幾乎等於出賣他的業務夥伴。

我要給各位讀者一個建議，那就是時刻都要帶著一本小小的記事簿，用來記下一些有趣的市場訊息、一瞬間閃現以後可能用得上的想法、可以經常重溫的看法、個人有關股價變動的觀察等。

　　投資股票要賺錢，關鍵是不要被嚇跑。這一點怎麼強調都不過分。每一年都會有大量關於如何選股的書出版，但是如果沒有堅定的意志力，看再多的投資書籍，瞭解再多的投資資訊，都是白搭。炒股和減肥一樣，決定最終結果的不是頭腦，而是毅力。

★ 彼得・林區

我建議在記事簿的第一頁寫上（最好是特別印上）：小心對待內幕消息，包括所有的內幕消息。

我還是要一再重複這句話：不論投機或投資，成功只屬於那些全力以赴的人。金錢是不會從天上平白掉下來的。再來看一個小故事：一個身無分文的流浪漢，因為實在耐不住飢餓了，於是大膽地走進一家餐廳，要了一份「分量巨大、香嫩味美、多汁肉厚的牛排」，並特意叮囑面有難色的服務生：「通知廚師說要快啊！」過了一會兒，服務生走過來道，「廚師說，如果真有這麼一塊牛排，他早就吃掉了。」

同樣的道理，如果金錢真的那麼容易就能從天上掉下來，也不會有人強行將錢塞進你的口袋。

第7章：我的三百萬美元利潤

在上一章中，我講述了自己的失敗教訓——由於自己缺乏耐心等待時機而錯過了一次絕佳的投機機會，如果抓住這次機會，本來會捕獲不俗的利潤。而在這一章，我想要講述我的一個成功例子，這一回我做到了耐心等待市場進一步發展，直到關鍵的心理時刻到來。

1924年夏，小麥的價格已經達到我認為的關鍵點，因此我入市買進，第一筆單子買進500萬蒲式耳①。當時，小麥市場極為龐大，因此我這個交易指令的執行，對小麥價格並沒有產生明顯影響。但如果是在某檔股票上執行這種規模的指令，那相當於買進5萬股。

就在我買入小麥後，市場立即進入橫盤震盪狀態，並持續了數天，但是在這期間從沒有跌到關鍵點之下。後來，市場再度開始上升，並且達到了比前一波高點高出幾美分的價位。從這個高點開始，出現了一個自然的回檔，有幾天市場再度進入橫盤狀態，最後，上漲繼續進行。

等到市場又向上穿越下一個關鍵點，我就立刻發出指令再買進第二筆，同樣是500萬蒲式耳。這筆單子的平均成交價比關鍵點高1.5美分，對於我來說這一點清楚地表明，市場正為進入強勢狀態做好準備。為什麼這麼說呢？因為與第一次買入相比，買入第二筆500萬蒲式耳的過程要困難多了。

接下來一天，市場沒有像第一筆買入後那樣向下回檔，而是上漲了3美分，如果我對市場的分析沒錯的話，這正是市場應有的正常表現。就從那一天開始，小麥市場逐步開始了一波名副其實的牛市行情。我所說的牛市是指市場將要開始長期上升趨勢，當時我估計，它將要持續好幾個月的時間。但事實上，我還是沒有準確地認知到當前行情的全部潛力。所以，後來當每蒲式耳上漲了25美分之後，我就趕快清倉套現了——退居場外，眼睜睜看著市場在幾天之內又繼續上漲了20多美分。

到了這時候，我認知到自己已經犯了大錯。為什麼我要擔憂失去那些我從來沒有真正得到過的利潤呢？我太急於求成，太急於將帳面利潤轉換成到手的現金了，本應更耐心一點，勇敢地把部位持有到底。而等到時機成熟，市場到達某個關鍵點的位置時，就會向我發出危險信號，這樣我也會有充裕的時間離場。

於是，我決定再次入市，這次重新買進的平均價位要比上次賣出的價位高了25美分左右。不過，在這樣的價位我只敢投入少量資金，也就是相當於我在第一個回合賣出數量的一半。不過好在這一次，我就一直持有這筆交易，直到市場發出危險信號才平倉。

1925年1月28日，5月小麥合約的成交價已經高達每蒲式耳2.058美元。2月11日，市場回落到了1.775美元。就在小麥市場發生上面所說大幅上漲行情的同時，還有另一種商品也在不斷上漲，它的上漲行情甚至超過了小

你應該確定兩點：第一，公司的每股銷售額和每股收益增長率是否令人滿意；第二，股價是否合理。最好要認真研究分析公司的財務實力和債務結構，以確定萬一出現幾年經營糟糕的情況是否會妨礙公司的長期發展。

★ 彼得·林區

麥，這種商品就是黑麥。不過，和小麥市場相比，黑麥市場非常小，這使得一筆相對較小的買進指令就會導致價格快速上升。

在上述操作過程中，在市場上我投入了巨額的資金，而其他人也有與我不相上下的巨額投入。聽說，有一位投機者曾經積聚了數百萬蒲式耳小麥期貨合約，同時還囤積了成千萬蒲式耳的現貨小麥。不僅如此，為了更好地炒作他在小麥市場的交易，他還囤積了巨額的現貨黑麥。傳言說，此人有時還利用黑麥市場來支撐小麥市場，當小麥市場價格不穩的時候，他就透過在黑麥市場下單買進來支撐小麥行情。

就像前面說過的，與小麥市場相比較，黑麥市場很小，廣度很窄，所以只要有一筆大額買進操作，立即就能引起一輪快速上漲行情，而這輪上漲行情也會無可避免地影響到小麥市場，作用十分顯著。不管什麼時候，只要有人採取這種做法來炒作，大眾就會蜂擁買進小麥，結果小麥的成交價也跟著水漲船高了。

這個操作過程一直順利地持續著，直到市場的大趨勢到達終點。當小麥市場向下回落的時候，黑麥市場也隨之回落，從1925年1月28日的最高點1.82美元，下跌到1.54美元，跌幅達28美分，與此同時小麥的回落幅度同樣為28美分。5月2日，小麥成交價又回升到距離前期最高點3美分的位置，價格是2.02美元，但是黑麥卻並沒有像小麥那樣從下跌中強勁復甦，最終只回升到1.70美元，這一成交價比其前期最高點低12美分。

在這段時間裡，我一直密切關注著這兩個市場，上面所說的反差令我感受到強烈的震撼，我感覺一定是有什麼地方出現差錯了，因為在整個大牛市期間，黑麥的價格變動總是要領先小麥一步。現在，它不但沒有領導穀物交易池裡的上漲行情，自己反倒落後了。小麥已經挽回了這輪不正常

回檔相當程度的跌幅，而黑麥卻做不到，大約落下了每蒲式耳12美分。這個市場行為完全不同於往常。

於是我立即開始研究這一現象，希望能夠找出黑麥沒有和小麥同比例地向上收復失地的原因。結果原因很快就弄清楚了。一般來說，大眾都是對小麥市場抱有極大興趣，但是對黑麥市場並無興趣。如果我們假設黑麥市場行情完全是由一人操縱的，那麼為什麼突然之間，他就忽視了黑麥市場呢？我的結論是，要麼他不再對黑麥有任何興趣，已經出貨離場，要麼就是他在兩個市場資金投入過多，已經沒有餘力進一步加碼了。

我當即反應過來，其實他是否還留在黑麥場內都無關緊要了，因為從市場角度看，兩種可能性最終都會導致同樣的結果，因此我立即動手檢驗自己的結論正確與否。

黑麥市場當時的最新買價是1.69美元，因為我決定弄清楚黑麥市場的真實狀況，就在黑麥市場發出賣出20萬蒲式耳的「市價指令」。指令發出時，小麥市場的報價是2.02美元。在指令完成之前，黑麥每蒲式耳下跌了3美分，在指令完成後2分鐘之內，又重新回到1.69美元。

根據上述交易指令的執行情況來判斷，我認為黑麥市場非常冷淡，沒有太多的買賣指令。然而，此時我還是不確定到底會發生什麼情況，因此我再次下達指令賣出第二筆20萬蒲式耳，結果又是上一次過程的重複——執行指令時，市場下跌了3美分，但是當指令完成後，市場僅僅回升了1美

當你對某筆投資交易充滿信心時，就要直擊要害。要知道，即便是想當好一隻豬都需要勇氣，要想追求建立在高負債基礎上的利潤就更需要勇氣。如果你認為自己是正確的，賺再多也不會嫌多。

★ 索羅斯

分，而沒有達到之前2美分的漲幅。

　　到這時為止，我對自己對市場狀況的分析還是心存疑慮，於是又發出第三筆指令，再賣出20萬蒲式耳。這一次有點不一樣了，一開始市場還是再次下跌，但是，事後卻沒有回升。這時市場下跌趨勢已經形成，因而繼續下降。

　　這正是我在觀察和等待的危險信號。我充滿信心地判斷，如果有一個人在小麥市場上持有巨額交易，卻由於種種原因沒有保護黑麥市場（他的原因到底是什麼我並不關心），那麼他同樣不會或不能支撐小麥市場。於是，我立即發出一道指令，賣出500萬蒲式耳五月小麥。這筆單子的成交價從2.01美元賣到1.99美元。那一天晚上，小麥收市於1.97美元附近，黑麥收市於1.65美元。我很高興，因為賣出指令最後成交的部分已經低於2.00美元，而2.00美元屬於關鍵點，市場已經向下突破了這個關鍵點，我對自己的交易很有把握。自然，我絕不會對這筆交易有任何憂慮。

　　幾天過後，我再次買進黑麥。因為當初賣出只是試驗性的操作，目的是確定小麥市場的狀態，結果這些交易帶來了25萬美元的利潤。

　　與此同時，我繼續賣出小麥，直至累計賣空部位達到了1,500萬蒲式耳。在3月16日，5月小麥收市於1.64美元；第二天早上，利物浦市場的行情比美國行情的折合數額低3美分，如果折算成相應的美元價格，則將導致我們的市場開市在1.61美元左右。

　　這時，我做了一件違背我的經驗準則的事，也就是在市場開盤之前下達指定價格的交易指令。這本來是不該發生的，但是情緒的誘惑戰勝了理智的判斷，我發出指令在1.61美元買入500萬蒲式耳小麥，這個價格與前一天的收市價相比要低3美分。開盤時，成交價格從1.61美元到降到1.54美

元。我對自己說：「你明知是錯的但還是去做，活該落得這樣的下場。」這一次還是人性本能壓倒了直覺判斷，我堅信我的指令將會按照指定的價格1.61美元成交，也就是按照當天開盤價格區間的最高點買進。

就這樣，當市場出現1.54美元的價格時，我又發出另一份指令，買進500萬蒲式耳小麥。很快地，我就收到一份成交報告：買進500萬蒲式耳五月小麥，成交價1.53美元。

我再次下達指令買進500萬蒲式耳小麥。不到一分鐘，成交報告就回饋過來：買進500萬蒲式耳，成交價1.53美元。我想當然的確定我第三筆買進指令的成交價是1.53美元。隨後，我要到了第一筆交易指令的成交報告。下面就是經紀商交給我的成交報告：

「報告！已買進第一筆500萬蒲式耳，完成您的第一份指令。

報告！已買進第二筆500萬蒲式耳，完成您的第二份指令。

您第三份指令的成交報告為：

350萬蒲式耳，成交價1.53美元。

100萬蒲式耳，成交價1.53125美元。

50萬蒲式耳，成交價1.5325美元。」

當天的最低價是1.51美元，第二天小麥已經回到1.64美元。這是有史以來，我第一次收到這種性質的限價指令成交報告。我發出的指令是按照

第一要保本，只要有本錢，你就有機會再翻身。如果操作過量，即使對市場判斷正確，仍會一敗塗地。如果我必須就我的實務技巧做個總評，我會選擇一個詞：存活。

★ 索羅斯

1.61美元的價格買進500萬蒲式耳——市場開盤價位於1.61美元，然後跌7美分至1.54美元，差額高達35萬美元。

這之後沒多久，我正好有事去了一趟芝加哥，與當地負責執行交易的經紀會面，問他那次交易的過程是怎樣，為什麼我的第一批限價盤能順利成交。他說，當日正好有人在市場以「現貨價」賣出3,500萬蒲式耳。他也意識到一個問題，無論開市價如何低，市場上仍會有大量的小麥期貨以較低的開市價成交，於是他一直等待，直至開市價下限出現，即以「現貨價」成交。

他說，假設交易所當時沒有收到我的買入盤，那麼市場很可能會跳空低開。而從這些交易中，我前後一共賺到了300萬美元利潤。

這個例子充分驗證了在投機性的市場上「做空」的價值，因為賣出的一方變為積極的買方，而那些積極買方在市場上看淡時，便會達到一定的穩定作用。

當然，要在今天的市場進行這種交易已經不可能了，因為美國商品交易所管理局[2]對任何個人在穀物市場的持倉數量做出了限制，只准持倉200萬蒲式耳以下。此外，雖然個人在股票市場的交易量沒有限制，但是根據現行管理沽空的法規，任何參與者同樣是沒有機會建立大規模空倉的。

因此，我認為舊式投機者的輝煌時代已經過去了，他們的地位將會被「半投資者」來取代。

重要的不是你的判斷是錯還是對，而是在你正確的時候要最大限度地發揮出你的力量來！

★ 索羅斯

這些半投資者雖然不能像前者那樣在市場迅速賺取一筆豐厚的利潤，但是，他們在某個時段內能夠賺取的將會更多，並能保住利潤。我堅信，日後成功的「半投資者」只會選擇在心理時間交易，而且在每次大大小小的市場變動中，所占的比例比純粹投機的人更多。

【注釋】

1. 蒲式耳（英文BUSHEL，縮寫BU）是一個計量單位。蒲式耳是一種定量容器，1蒲式耳在英國等於36.268升（公制）。在美國，1蒲式耳相當於35.238升（公制）。——譯者注

2. 1947年，美國「商品交易所管理局」成立並取代了原期貨交易所委員會，到了1974年，聯邦政府通過了一項新的法規——《商品期貨交易委員會法》，宣佈成立「商品期貨交易委員會」，由總統直接任命，參議院批准，該委員會由五名專職委員組成，任期五年，委員會下設三個職能部門，分別為經濟分析部、交易市場部和實施執行部。各部領導對委員會主席負責。——譯者注

第8章：李佛摩市場要訣

　　透過密切關注市場、持續記錄行情記錄，我終於認知到，如果要對即將到來的重大運動形成正確的意見，把握時間要素是最關鍵的。於是，我興致勃勃地投入精力研究市場這方面的特性。

　　這些年來，投機事業已經成了我生活中最重要的一部分了。現在，我終於明白這樣一點，股票市場上其實沒有任何新東西，市場的漲跌總是在一直重複進行，也許不同股票的具體情況各有不同，但是從整體上來說，它們的一般價格形態是完全一致的。

　　就像我前面提到的，我總是有一種緊迫感，那就是必須妥善利用價格記錄，使之成為預測價格運動的指南。在這項工作中，我投入了極大的熱情。後來，我開始努力尋求一個新的方法，來幫助我預測市場未來走勢。當然，這並非易事。

　　現在再來看看過去這些初步嘗試，就能理解為什麼當時不能馬上獲得輝煌的成果了。當時，我滿腦子想的都是投機，我的目的很直接，就是要制定一種獲利策略，終日在市場裡買進賣出，捕捉小規模的日內變動，這是錯誤的，幸虧我及時清醒地認知到這個錯誤。

　　我繼續記錄自己的行情記錄，並且充滿信心地認為這項工作是非常有價值的，相信這些價值只等自己去挖掘。經過長期努力，其中的祕密終於

展現出來。我的行情記錄明白地告訴我，它們不會幫助我預測每天微小的價格波動。但是，只要我睜大雙眼留心觀察，就能看到預告重大運動即將到來的價格形態正在形成。

從此以後，我決定不再去計較那些微小的每日波動。

透過持續、密切研究多種多樣的行情記錄，我終於認知到，如果要對即將到來的重大運動形成正確的意見，時間要素是至關緊要的。於是，我興致勃勃，集中全力研究市場這方面的特性。我試圖找出一種方法，來識別構成較小波動的成分。我意識到，即使市場處於明顯趨勢，其中也會包含許多小規模的振盪過程。過去它們令人混淆，但是，現在對我已經不是什麼問題了。

我打算弄清楚自然的回檔行情或自然的回升行情的初始階段是由什麼構成的。因此，我開始測算價格運動的幅度。起初，我計算的基本單位是一個點，這並不合適。後來是兩個點，依此類推，直到最終得到結論，瞭解到構成自然的回撤行情或自然的回升行情初始階段的波動幅度。

為了便於說明這個問題，我特意印製了一種特殊設計的表格紙，排列出不同的列，透過這樣的表格來構成我所稱的預期未來運動的地圖。在這個表格中，每一檔股票的行情都占六列，其價格按照規定分別記錄在每一列內。這六列的標題分別如下：

第一列標題為次級回升。

第二列標題為自然回升。

第三列標題為上升趨勢。

第四列標題為下降趨勢。

第五列標題為自然回檔。

第六列標題為次級回檔。

如果把價格資料記錄在上升趨勢一欄，就用黑墨水填入。在它左面的兩列裡，都用鉛筆填寫。如果把價格資料記錄在下降趨勢一欄，就用紅墨水填入。在它右側的兩列，也都用鉛筆填寫。

這樣一來，不論是當我將價格資料記錄到上升趨勢一列，還是記錄到下降趨勢一列，看上去都非常直觀，能夠讓我對當時的實際趨勢形成強烈印象。把那些資料用墨水顏色明顯來區分開，它們就會告訴我想要知道的東西。不論是紅墨水還是黑墨水，一旦持續使用，它們就會明明白白地講出一個故事。

如果一段時間內總是用鉛筆記錄行情，我就會明白，現在記錄的只不過是自然的調整震盪。後面我將向讀者展示我的股價記錄。

據我推斷，在某檔股票價格達到30.00美元或更高的情況下，僅當市場從極端點開始回升或回落了大致6點的幅度之後，才能表明市場正在形成自然的回升過程或自然的回檔過程。這一輪回升行情或回落行情並不意味著原先的市場趨勢正在發生變化，只是表明市場正在經歷一個自然的運動過程。市場趨勢與回升或回落行情發生之前完全一致。

我先來解釋一下，事實上我並不把單檔股票的一點波動看作整個股票群趨勢變化的標誌。為了確認某個股票群的整體運動趨勢已經明確改變，我會透過該股票群中兩檔股票的動作組合來構成整個股票群的標誌，這就是所謂的組合價格。也就是說，把這兩檔股票的價格運動結合起來綜合分析，就可以得出我所謂的「組合價格」。

我發現，單檔股票有時候能夠形成足夠強烈的價格運動，強烈到足以寫入我的股價記錄表中上升趨勢或下降趨勢欄。但是，如果僅僅依賴這一

檔股票，就很可能會進入誤判趨勢的迷思。將兩檔股票的運動結合起來，就能得到基本的保障。因此，趨勢改變信號需要從組合價格變動上得到明確的驗證。

下面我來具體說一下這一組合價格方法。我將嚴格堅持以6點運動準則作為判斷依據。你會注意到，在我下面列舉的記錄中，有時候美國鋼鐵的變化可能僅僅是5點，與此同時伯利恆鋼鐵的相應變化則可能有7點，在這種情況下，我也把美國鋼鐵的價格記錄在相應欄目內。原因是，把兩檔股票的價格運動組合起來構成組合價格，兩者之和達到了12點或更多，正是所需的合適幅度。

當運動幅度達到一個記錄點時——這種情況就是說兩檔股票平均都運動了6點時。那麼從此之後，我便在同一列中接著記錄此後每一天市場創造的新高價格，換句話來說，在上升趨勢的情況下，只要最新價格高於前一個記錄便列入記錄；在下降趨勢的情況下，只要最新價格低於前一個記錄便列入記錄。這個過程將一直持續到反向運動開始為止。

當然，後面這個朝著相反方向的運動，也是基於同樣的原則來認定的，即兩檔股票的反向運動幅度達到平均6點、組合價格達到合計12點的原則。

下面我將舉例解釋這個「關鍵價格」的方法。首先，嚴格按照六個點作為記錄變動的規則基礎。讀者在後面的記錄中會看到，很多時候美國鋼鐵①（U.S.Steel）的股價稍有變動（例如只有5.125個點）我便記錄下來，這是因為伯利恆鋼鐵也出現了相同的變動（例如7個點）。將兩檔股票的股價變動加起來（也即12個點或更多），得出的差距便是「關鍵價格」。

道瓊工業指數走勢圖（1920—1940年）。道瓊工業指數首次在1896

年5月26日公布，指數是40.94點。它象徵著美國工業中12種最重要股票的平均數。1916年，道瓊工業指數中的股票數目增加到20種，最後在1928年增加到30種。時至1940年，平均指數包括美國30間最大、最知名的上市公司。雖然名稱中提及「工業」這兩個字，但事實上其對歷史的意義可能比實際上的意義還來得多些——因為30間構成企業裡，大部分都已與重工業不再有關。由於補償股票分割和其他的調整效果，它當前只是加權平均數，並不代表成分股價值的平均數。

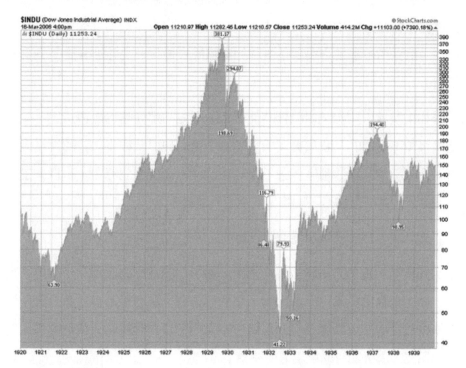

▲ 道瓊工業指數走勢圖（1920—1940年）。道瓊工業指數首次在1896年5月26日公布，指數是40.94點。它象徵著美國工業中12種最重要股票的平均數。1916年，道瓊工業指數中的股票數目增加到20種，最後在1928年增加到30種。時至1940年，平均指數包括美國30間最大、最知名的上市公司。雖然名稱中提及「工業」這兩個字，但事實上其對歷史的意義可能比實際上的意義還來得多些——因為30間構成企業裡，大部分都已與重工業不再有關。由於補償股票分割和其他的調整效果，它當前只是加權平均數，並不代表成分股價值的平均數。

任意一天，當值得記錄的價格——即兩檔股票中每檔的平均變動幅度為6個點——出現時，我便會在同一欄內不斷記錄市場的最高或最低股價。不管股價比「升勢」欄內的上次價位還要高，或是比「跌勢」欄內的上次價位還要低，我都是這樣做，並重複這個過程，直至相反方向的走勢開始呈現。這個走勢轉向當然也是採用平均6個點的變動幅度為基礎，也即合計有12個點差距的「關鍵價格」。

讀者可能會注意到一點，從那時起我從沒有偏離這些點，其間也沒有出現例外情況。如果結果與我預測的有出入，我也沒有刻意去找藉口。要記住，這些價位都是市場當日掛牌的實際成交價位，而並非我定下的交易價格。

如果說我一開始記錄股價時便做到這一點，那便是過於自誇了，並且是誤導和不可信的。我只可以說，經過多年的驗證及觀察，我認為這大概可以作為股價記錄的基礎，雖不中也不遠矣。從這些記錄中，可以勾畫出一個圖表，判斷價格是否即將出現重大的變動。

俗話說，敢於決斷才能獲得成功。

同樣地，這個方法能否成功應用，關鍵在於當你的記錄顯示時機到來時，你能否拿出勇氣，果斷行動，在過程中有一點猶豫都會功虧一簣。你必須按照這個方向訓練自己的思路。如果你總是在等待別人給你解釋、理由或保證，那麼就會錯過出擊的時機。

我們來看個例子：美國市場所有股票快速上漲之後，歐洲戰爭爆發了，因此整個市場出現了一次「自然調整」。在這之後，四個主要股票類別的所有股票的價格都開始快速上漲，並不斷創出新高——只有鋼鐵類股票例外。

只要按照我的方法記錄股價，任何人都一定會注意到鋼鐵類股票的特殊表現。鋼鐵類股票為何沒有跟隨其他股票一樣上漲，這其中必定有非常充分的理由。事實證明，這個理由的確非常充分！

　　可是遺憾的是我當時完全不知情，當然我也很懷疑當時誰能給出一個令人信服的解釋。每一個曾認真記錄股價的人，都能從鋼鐵股的表現中瞭解到，鋼鐵股已經走到了末路窮途。

　　在4個月之後，也就是1940年1月中旬，公眾才從一項公開的新聞中得悉鋼鐵股不能維持升勢的真相，原來當時英國政府宣佈拋售超過10萬股美國鋼鐵股價，而加拿大亦賣出2萬股。上述拋售消息宣佈後，美國鋼鐵的股價由1939年9月的高位一下子跌落26點，而伯利恆鋼鐵也回落了29點。與鋼鐵股同時到達高位的其他三個主要類別的股票，當時的股價與最高位相差了2.5～12.75點。

　　這件事充分說明了一個問題，對智者來說，不要試圖找出買入或賣出某檔股票的「充分理由」。如果你一定要得悉準確原因才行動，那就會錯失了最佳的交易時機！作為投資者或投機者，唯一要看的就是市場的「臉色」。每當市場走勢不正常，或者說沒有按照原本的方向發展，那你就應該立即改變看法，這個理由已經足夠了。請記住，股價變動總是有其原因的。另外也要記住一點，你只有在事後過了一段時間，才會得悉股價變動背後的原因，可是要在那時才試圖獲利就已經太遲了。

　　再重複一遍，當遇上重大變動時，不要奢望這個方法能幫助你提升信心去掌握過渡性的波動，進行額外的交易。這個方法的目的，只是預測並掌握重大變動的開始及結束。因此，如果你切實按照這個方法去做，就會一點點地發現其獨特價值。我重申一下，這個方法可能只適合股價約為30

美元及成交量活躍的股票。當中的基本原則當然可用於預測所有股票的走勢，然而對於股價非常低的股票，則必須調整一下此方法。

這個方法其實並不複雜。如果對此抱有興趣，那麼很快便能吸收各個階段的內容，你會發現一切淺顯易懂。

下一章你可以看到我的股價記錄表，其中也有我所填寫的數字做的詳盡闡釋。

【注釋】

1. 美國鋼鐵公司創立於1901年，並且在當年上市，成為首家市值超過10億美元的大型企業。創辦人包括亞伯特・H.蓋瑞（Elbert H.Gary），另外還有多位叱吒華爾街的名人都曾是其管理層。迄今為止，公司仍是美國最大的鋼鐵生產商之一。——譯者注

第9章：規則解釋

9.1 規則解釋

1.用黑筆將價格填在「升勢」欄內。

2.用紅筆將價格填在「跌勢」欄內。

3.用鉛筆將價格記錄在其餘四欄內。

4.（a）第一天在「自然調整」欄填寫價格記錄時，要在「升勢」欄記錄的最後價格下面畫紅色標記線。當「升勢」欄記錄的最後價格第一次出現大概6點的調整時，本方法開始實行。

（b）第一天在「自然回升」欄或「升勢」欄填寫價格記錄時，要在「自然調整」欄記錄的最後價格下面畫上紅色標記線。當「自然調整」欄記錄的最後價格第一次出現大概6點的升幅時，本方法開始實行。同時你要觀察兩個「關鍵點」的變化，當市場轉向其中一個時，根據股價記錄，你就能夠準確判斷有關走勢是否真正持續向上，或者走勢已經結束。

（c）第一天在「自然回升」欄填寫價格記錄時，要在「跌勢」欄記錄的最後價格下面畫上黑色標記線。當「跌勢」欄記錄的最後價格第一次出現大概6點的升幅時，本方法開始實行。

（d）第一天在「自然調整」欄或「跌勢」欄填寫價格記錄時，要在「自然回升」欄記錄的最後價格下面畫上黑色標記線。當「自然回升」欄記錄的最後價格第一次出現大概6點的調整時，本方法開始實行。

5.（a）在「自然回升」欄填寫價格記錄時，如果價格比「自然回升」欄記錄的最後價格（下面畫上黑色標記線）高出3個點或更多，就要在「升勢」欄以黑筆記錄此價格。

（b）在「自然調整」欄填寫價格記錄時，如果價格比「自然調整」欄記錄的最後價格（下面畫上紅色標記線）低出3個點或更多，就要在「跌勢」欄以紅筆記錄此價格。

6.（a）在「升勢」欄記錄價格之後，如果調整幅度達6點左右，則要在「自然調整」欄開始記錄同一價格，而且其後每一天只要這檔股票的成交價低於「自然調整」欄記錄的最後價格，就要繼續記錄在這欄內。

（b）在「自然回升」欄記錄價格之後，如果調整幅度達6點左右，則要在「自然調整」欄開始記錄同一價格，而且其後每一天只要這檔股票的成交價低於「自然調整」欄記錄的最後價格，便繼續記錄在這欄內。如果成交價低於「跌勢」欄記錄的最後價格，便將價格記錄在「跌勢」欄內。

（c）在「跌勢」欄記錄價格之後，如果回升幅度達6點左右，則要在「自然回升」欄開始記錄同一價格，而且其後每一天只要這檔股票的成交價高出「自然調整」欄記錄的最後價格，便繼續記錄在這一欄內。

（d）在「自然調整」欄記錄價格之後，如果回升幅度達6點左右，則要在「自然回升」欄開始記錄同一價格，而且其後每一天只要這檔股票的成交價高出「自然回升」欄記錄的最後價格，便繼續記錄在這一欄內。如果成交價要高出「升勢」欄記錄的最後價格，便將其價格記錄在「升勢」

欄內。

（e）在「自然調整」欄開始填寫價格記錄時，如果價格低於「跌勢」欄記錄的最後價格，就要在「跌勢」欄以紅筆記錄。

（f）在「自然回升」欄填寫記錄時應使用同一方法；如果價格高於「升勢」欄記錄的最後價格，就不應再在「自然回升」欄記錄，而是要在「升勢」欄以黑筆記錄。

（g）如果價格持續記錄在「自然調整」欄內，此時「自然調整」欄記錄的最後價格回升幅度達6點左右，但是又沒有高過「自然回升」欄記錄的最後價格，就要在「次級回升」欄填寫價格，並將其後的價格一直記錄在這欄內，直至價格高過「自然回升」欄記錄的最後價格。如果出現這種情況，便應回到「自然回升」欄開始記錄價格。

（h）如果價格一直記錄在「自然回升」欄內，此時的價格調整達6點左右，後面沒有低於「自然調整」欄所記錄的最後價格，就要在「次級調整」欄填寫價格，並將其後的價格繼續記錄在這一欄內，直至價格低於「自然調整」欄記錄的最後價格。一旦出現這種情況，便應回到「自然調整」欄開始記錄價格。

7.填寫個別股票的「關鍵價格」時應使用同一方法，不過假設你使用的不是6點而是12點作為基準的話就不在此例。

8.在「自然回升」或者「自然調整」欄記錄價格，那麼在「跌勢」或「升勢」欄記錄的最後價格就是「關鍵點」。回升或調整結束後，就到相反的欄內去記錄價格，前面一欄內的最高或最低價就是另一個「關鍵點」。如果價格觸及了兩個「關鍵點」，那麼這些價格記錄就變得很有價值，它們可以幫你預測下一次重大行情的到來。因此，用紅筆或黑筆在價

格下面畫上兩條線，提醒自己在記錄價格時注意觀察這兩個「關鍵點」。只要價格接近這兩個「關鍵點」，便要加倍關注。選擇動手的時機，便取決於那以後的價格記錄。

9.（a）看到「跌勢」欄以紅筆記錄的最後價格下面畫了黑線時，就是在該點附近可以買入股份的信號。

（b）看到「自然回升」欄記錄的價格下面畫了黑線時，且股票在下一次回升時接近「關鍵點」，就要看一下市場是否已經準備好並可以扭轉趨勢，使價格路線轉向「升勢」欄。

（c）看到「升勢」欄記錄的最後價格下面畫了紅線時，或者看到「自然調整」欄記錄的最後價格下面畫了紅線時，採取相同做法。

10.（a）利用這種方法，可以看清楚股票在經過第一次「自然回升」或「自然調整」後，是否沿著應有的方向發展。如果股票是在向正常的方向趨近——不管是上升還是下跌——便會衝破之前的「關鍵點」——有一些股票的衝破幅度為3個點，而「關鍵價格」的衝破幅度為6個點。

（b）如果股票沒有出現上面所說的情況，而調整幅度又低於上一個「關鍵點」——「升勢」欄的價格下面畫了紅線的價格——3個點或更多，那便顯示股票的「升勢」已經結束。

（c）對於「跌勢」欄的記錄亦應使用同一方法。每一次「自然回升」結束，新的價格都會記錄在「跌勢」欄內，如果已經步入了「跌勢」的話，這些新記錄的價格跌幅必須低於上一個畫黑線的「關鍵點」2個點或更多。

（d）如果股票沒有出現上面所說的情況，而回升幅度又高出上一個

「關鍵點」——在「跌勢」欄的價格下面畫了黑線——3個點或更多,那便顯示股票的「跌勢」已經結束。

(e)在「自然回升」欄記錄價格時,如果回升幅度在「升勢」欄的最後一個「關鍵點」——下面畫紅線的價格——下面的不遠處停下來,而股票又從那個價格調整3個點或更多,那就要提高警惕,這顯示股票的「升勢」已經結束。

(f)在「自然調整」欄記錄價格時,如果調整幅度在「跌勢」欄的最後一個「關鍵點」——下面畫了黑線——上面的不遠處停下來,而股票又從那個價格回升3個點或更多,那同樣要提高警惕,這顯示股份的「跌勢」已經結束。

9.2 圖表①及闡釋

1.表9-1

如表9-1所示,4月2日,在「自然回升」欄開始記錄股票價格。參考「規則解釋」6（b）。

在「跌勢」欄的最後價格下面畫上黑線。參考「規則解釋」4（c）。

4月28日,在「自然調整」欄開始記錄價格。參考「規則解釋」4（d）。

2.表9-2

股價記錄全部緊接前一頁進行,以便讀者時刻都能留意到「關鍵點」。

如表9-2所示。5月5日～21日期間（包括第一天及最後一天）並沒有價格記錄，因為這段時間的價格沒有低於「自然調整」欄記錄的最後價格，回升幅度也微小得不必記錄。

5月27日，伯利恆鋼鐵股價以紅筆記錄，因為該股價低於「跌勢」欄記錄的前一個價格。參考「規則解釋」6（c）。

6月2日，伯利恆鋼鐵到達43美元的買入時機。參考「規則解釋」10（c）及10（d）。在同一天，美國鋼鐵也到達42.25美元的買入時機。參考「規則解釋」10（f）。

6月10日，在伯利恆鋼鐵的「次級回升」欄記錄股價。參考「規則解釋」6（e）。

【注釋】

本章圖表中的數字為分數形式。——譯者注

表9-1

日期	次級回升	自然回升	升勢	跌勢	自然調整	次級調整	次級回升	自然回升	升勢	跌勢	自然調整	次級調整	次級回升	自然回升	升勢	跌勢	自然調整	次級調整
		$65\frac{4}{5}$							57						$122\frac{3}{4}$			
				$48\frac{1}{2}$							$43\frac{1}{4}$					$91\frac{1}{4}$		
		$62\frac{1}{8}$							$56\frac{7}{8}$						128			
				$48\frac{1}{4}$							$50\frac{1}{8}$						$98\frac{3}{8}$	
1938								$56\frac{7}{8}$										
日期			美國	國鐵											關鍵	價格		
3月23日				47							$50\frac{1}{4}$						$97\frac{1}{4}$	
24																		
25				$44\frac{1}{4}$						$43\frac{1}{4}$	伯利恆鋼鐵					$91\frac{1}{2}$		
26*				44						46						90		
28				$43\frac{5}{8}$												$89\frac{5}{8}$		
29				$39\frac{5}{8}$						43						$82\frac{5}{8}$		
30				39						$42\frac{1}{8}$						$81\frac{1}{8}$		
31				38						40						78		
4月1日																		
2*		$63\frac{1}{2}$						$46\frac{3}{8}$						$89\frac{7}{8}$				
4																		
5																		
6																		
7																		
8																		
9*		$46\frac{1}{2}$						$49\frac{3}{4}$						$96\frac{1}{4}$				
11																		
12																		
13		$47\frac{1}{4}$												97				
14		$47\frac{1}{2}$												$97\frac{1}{4}$				
16*		49						52						101				
18																		
19																		
20																		
21																		
22																		
23*																		
25																		
26																		
27																		
28				43														
29				$42\frac{3}{8}$						45						$87\frac{3}{8}$		
30*																		
5月2日				$41\frac{1}{2}$						$44\frac{1}{4}$						$85\frac{3}{4}$		
3																		
4																		

說明：標有〔*〕的日期為星期六。

表9-2

日期	次級回升	自然回升	升勢	跌勢	自然調整	次級調整	次級回升	自然回升	升勢	跌勢	自然調整	次級調整	次級回升	自然回升	升勢	跌勢	自然調整	次級調整
				38						40						78		
		49						52						101				
1938					$41\frac{1}{2}$						$44\frac{1}{4}$						$85\frac{1}{4}$	
日期			美國	國鐵					伯利恆鋼鐵						關鍵	價格		
5月5日																		
6																		
7*																		
9																		
10																		
11																		
12																		
13																		
14*																		
16																		
17																		
18																		
19																		
20																		
21*																		
23											$44\frac{1}{8}$						$85\frac{3}{8}$	
24											$43\frac{1}{2}$						85	
25					$41\frac{3}{8}$						$42\frac{1}{2}$						$83\frac{7}{8}$	
26					$40\frac{1}{8}$						$40\frac{1}{2}$						$80\frac{5}{8}$	
27					$39\frac{7}{8}$					$39\frac{1}{4}$							$79\frac{5}{8}$	
28*																		
31					$39\frac{1}{4}$												79	
6月1日																		
2																		
3																		
4*																		
6																		
7																		
8																		
9																		
10						$46\frac{1}{2}$												
11*																		
13																		
14																		
15																		
16																		

說明：標有〔＊〕的日期為星期六。

3.表9-3（見下頁）

如表9-3所示，6月20日，將美國鋼鐵的股價記錄在「次級回升」欄。參考「規則解釋」6（g）。

6月24日，將美國鋼鐵及伯利恆鋼鐵的股價以黑筆記錄在這兩檔股票的「升勢」欄。參考「規則解釋」5（a）。

7月11日，將美國鋼鐵及伯利恆鋼鐵的股價記錄在這兩檔股票的「自然調整」欄。參考「規則解釋」6（a）及4（a）。

7月19日，將美國鋼鐵及伯利恆鋼鐵的股價以黑筆記錄在這兩檔股票的「升勢」欄，因為上述股價高於該兩欄記錄的最後價格。參考「規則解釋」4（b）。

表9-3

日期	次級回升	自然回升	升勢	跌勢	自然調整	次級調整	次級回升	自然回升	升勢	跌勢	自然調整	次級調整	次級回升	自然回升	升勢	跌勢	自然調整	次級調整
			38							40							78	
		49						52						101				
					$39\frac{1}{4}$					$39\frac{1}{4}$			伯利恆鋼鐵				79	
							$46\frac{1}{2}$											
1938																		
日期			美國	國鐵											關鍵	價格		
6月17日																		
18*																		
20	$45\frac{3}{8}$						$48\frac{1}{4}$						94					
21	$46\frac{1}{2}$						$49\frac{7}{8}$						$96\frac{3}{8}$					
22	$48\frac{1}{2}$						$50\frac{7}{8}$						$99\frac{3}{8}$					
23		$51\frac{1}{4}$						$53\frac{1}{4}$						$104\frac{1}{2}$				
24			$52\frac{3}{4}$						$55\frac{1}{8}$						$108\frac{7}{8}$			
25*			$54\frac{7}{8}$						$58\frac{1}{8}$						113			
27*																		
28																		
29			$56\frac{7}{8}$						$60\frac{1}{8}$						117			
30			$58\frac{3}{8}$						$61\frac{5}{8}$						120			
7月1日			59												$120\frac{5}{8}$			
2*			$60\frac{7}{8}$						$62\frac{1}{2}$						$123\frac{3}{8}$			
5																		
6																		
7			$61\frac{3}{4}$												$124\frac{1}{4}$			
8																		
9*																		
11					$55\frac{5}{8}$							$56\frac{3}{4}$					$112\frac{3}{8}$	
12					$55\frac{1}{2}$												$112\frac{1}{4}$	
13																		
14																		
15																		
16*																		
18																		
19			$62\frac{3}{8}$						$63\frac{1}{8}$						$125\frac{1}{2}$			
20																		
21																		
22																		
23*																		
25*																		
26			$63\frac{1}{4}$												$126\frac{3}{8}$			
27																		
28																		
29																		

說明：標有〔*〕的日期為星期六。

4.表9-4（見下頁）

如表9-4所示，8月12日，因為美國鋼鐵的股價沒有低於「自然調整」欄記錄的最後價格，故將該價格記錄在「次級調整」欄。在同一天，因為伯利恆鋼鐵股價低於該股票「自然調整」欄記錄的最後價格，故將股價記錄在「自然調整」欄。

8月24日，將美國鋼鐵及伯利恆鋼鐵的股價記錄在這兩檔股票的「自然回升」欄。參考「規則解釋」6（d）。

8月29日，將美國鋼鐵及伯利恆鋼鐵的股價記錄在這兩檔股票的「次級調整」欄。參考「規則解釋」6（h）。

表9-4

	次級回升	自然回升	升勢	跌勢	自然調整	次級調整	次級回升	自然回升	升勢	跌勢	自然調整	次級調整	次級回升	自然回升	升勢	跌勢	自然調整	次級調整
			$61\frac{3}{4}$						$62\frac{1}{2}$						$124\frac{1}{4}$			
				$55\frac{1}{2}$							$56\frac{3}{4}$						$112\frac{1}{4}$	
			$63\frac{1}{4}$						$63\frac{1}{8}$						$126\frac{3}{8}$			
1938 日期			美國國鐵						伯利恆鋼鐵						關鍵價格			
7月30日*																		
8月1日																		
2																		
3																		
4																		
5																		
6*																		
8																		
9																		
10																		
11																		
12					$56\frac{5}{8}$						$54\frac{7}{8}$						$111\frac{1}{2}$	
13*					$56\frac{1}{2}$						$54\frac{5}{8}$						$111\frac{1}{8}$	
15																		
16																		
17																		
18																		
19																		
20*																		
22																		
23																		
24	$61\frac{5}{8}$							$61\frac{3}{8}$						123				
25																		
26	$61\frac{7}{8}$							$61\frac{1}{2}$						$123\frac{3}{8}$				
27*																		
29					$56\frac{1}{8}$						55						—	
30																		
31																		
9月1日																		
2																		
3*																		
6																		
7																		
8																		
9																		
10*																		

說明：標有〔*〕的日期為星期六。

5.表9-5（見下頁）

　　如表9-5所示，9月14日，將美國鋼鐵的股價記錄在「跌勢」欄。參考「規則解釋」5（b）。在同一天，繼續將伯利恆鋼鐵的股價記錄在「自然調整」一欄，因為與前一個畫了紅線的價格比較，該股價的跌幅沒有多於3個點。

　　9月20日，將美國鋼鐵及伯利恆鋼鐵的股價記錄在這兩檔股票的「自然回升」欄。關於美國鋼鐵和伯利恆鋼鐵的情況，分別參考「規則解釋」6（c）及6（d）。

　　9月24日，將美國鋼鐵的股價以紅筆記錄在「跌勢」欄，成為該欄的新價格。

　　9月29日，將美國鋼鐵及伯利恆鋼鐵的股價記錄在這兩檔股票的「次級回升」欄。參考「規則解釋」6（g）。

　　10月5日，將美國鋼鐵的股價以黑筆記錄在「升勢」一欄。參考「規則解釋」5（a）。

　　10月8日，將伯利恆鋼鐵的股價以黑筆記錄在「升勢」欄。參考「規則解釋」6（d）。

表9-5

	次級回升	自然回升	升勢	跌勢	自然調整	次級調整	次級回升	自然回升	升勢	跌勢	自然調整	次級調整	次級回升	自然回升	升勢	跌勢	自然調整	次級調整
			$63\frac{1}{4}$						$63\frac{1}{8}$						$126\frac{3}{8}$			
				$55\frac{1}{2}$							$54\frac{3}{8}$						$111\frac{1}{8}$	
		$61\frac{7}{8}$						$61\frac{1}{2}$						$123\frac{3}{8}$				
1938					$56\frac{1}{8}$													
日期			美國	國鐵					伯利恆鋼鐵						關鍵	價格		
9月12日																		
13				$54\frac{1}{4}$												$107\frac{7}{8}$		
14				52						$53\frac{5}{8}$						$104\frac{1}{2}$		
15										$52\frac{1}{2}$								
16																		
17*																		
19																		
20		$57\frac{5}{8}$						$58\frac{1}{4}$										
21		58												$116\frac{1}{4}$				
22																		
23																		
24*				$51\frac{7}{8}$						52						$103\frac{7}{8}$		
26				$51\frac{1}{8}$						$51\frac{1}{4}$						$102\frac{3}{8}$		
27																$101\frac{7}{8}$		
28				$50\frac{7}{8}$						51								
29	$57\frac{1}{8}$						$57\frac{3}{4}$						$114\frac{7}{8}$					
30		$59\frac{1}{4}$						$59\frac{1}{8}$						$118\frac{3}{8}$				
10月1日*		$60\frac{1}{4}$						60						$120\frac{1}{4}$				
3		$60\frac{3}{8}$						$60\frac{3}{8}$						$120\frac{3}{4}$				
4																		
5		62						62						124				
6		63						63						126				
7																		
8*			$64\frac{1}{4}$						64						$128\frac{1}{4}$			
10																		
11																		
13			$65\frac{3}{8}$						$65\frac{1}{8}$						$130\frac{1}{2}$			
14																		
15*																		
17																		
18																		
19																		
20																		
21																		
22*			$65\frac{7}{8}$						$67\frac{1}{2}$						$133\frac{3}{8}$			
24			66												$133\frac{1}{2}$			

說明：標有〔*〕的日期為星期六。

6.表9-6（見下頁）

　　如表9-6所示，11月18日，將美國鋼鐵及伯利恆鋼鐵的股價記錄在這兩
檔股票的「自然調整」欄。參考「規則解釋」。

表9-6

	次級回升	自然回升	升勢	跌勢	自然調整	次級調整	次級回升	自然回升	升勢	跌勢	自然調整	次級調整	次級回升	自然回升	升勢	跌勢	自然調整	次級調整
1938			66						$67\frac{1}{2}$						$133\frac{1}{2}$			
日期			美國	國鐵					伯利恆鋼鐵						關鍵	價格		
10月25日			$66\frac{1}{8}$						$67\frac{7}{8}$						134			
26																		
27			$66\frac{1}{2}$						$68\frac{7}{8}$						$135\frac{3}{8}$			
28																		
29*																		
31																		
11月1日									69						$135\frac{1}{2}$			
2																		
3									$69\frac{1}{2}$						136			
4																		
5*																		
7			$66\frac{3}{4}$						$71\frac{7}{8}$						$138\frac{5}{8}$			
9			$69\frac{1}{2}$						$75\frac{3}{8}$						$144\frac{7}{8}$			
10			70						$75\frac{1}{2}$						$145\frac{1}{2}$			
12*			$71\frac{1}{4}$						$77\frac{5}{8}$						$148\frac{7}{8}$			
14																		
15																		
16																		
17																		
18					$65\frac{1}{8}$						$71\frac{7}{8}$						137	
19*																		
21																		
22																		
23																		
25																		
26*					$63\frac{1}{4}$						$71\frac{1}{2}$						$134\frac{3}{4}$	
28					61						$68\frac{3}{4}$						$129\frac{3}{4}$	
29																		
30																		
12月1日																		
2																		
3*																		
5																		
6																		
7																		
8																		

說明：標有〔*〕的日期為星期六。

7.表9-7（見下頁）

12月14日，將美國鋼鐵及伯利恆鋼鐵的股價記錄在這兩檔股票的「自然回升」欄。參考「規則解釋」6（d）。

12月28日，將伯利恆鋼鐵的股價以黑筆記錄在「升勢」欄，成為高於該欄最後價格的股價。

1月4日，按照「李佛摩方法」分析，下一個市場走勢正顯現出來。參考「規則解釋」10（a）及10（b）。

1月12日，將美國鋼鐵及伯利恆鋼鐵的股價記錄在這兩檔股票的「次級調整」欄。參考「規則解釋」6（h）。

表9-7

1938 日期	次級回升	自然回升	升勢	跌勢	自然調整	次級調整	次級回升	自然回升	升勢	跌勢	自然調整	次級調整	次級回升	自然回升	升勢	跌勢	自然調整	次級調整
			$71\frac{1}{4}$						$77\frac{5}{8}$						$148\frac{7}{8}$			
				61						$68\frac{3}{4}$						$129\frac{3}{4}$		
1938 日期			美國國鐵						伯利恆鋼鐵						關鍵	價格		
12月9日																		
10*																		
12																		
13																		
14		$66\frac{5}{8}$						$75\frac{1}{4}$						$141\frac{7}{8}$				
15		$67\frac{1}{8}$						$76\frac{3}{8}$						$143\frac{1}{8}$				
16																		
17*																		
19																		
20																		
21																		
22																		
23																		
24*																		
27																		
28		$67\frac{3}{4}$							78					$145\frac{3}{8}$				
29																		
30																		
31*																		
1939年 1月3日																		
4		70							80						150			
5																		
6																		
7*																		
9																		
10																		
11											$73\frac{3}{4}$							
12					$62\frac{5}{8}$						$71\frac{1}{2}$							$134\frac{1}{8}$
13																		
14*																		
16																		
17																		
18																		
19																		
20																		
21*					62						$69\frac{1}{2}$							$131\frac{1}{2}$

說明：標有〔*〕的日期為星期六。

8.表9-8（見下頁）

1月23日，將美國鋼鐵及伯利恆鋼鐵的股價記錄在這兩檔股票的「跌勢」欄。參考「規則解釋」5（b）。

1月31日，將美國鋼鐵及伯利恆鋼鐵的股價記錄在這兩檔股票的「自然回升」欄。參考「規則解釋」6（c）及4（c）。

表9-8

日期	次級回升	自然回升	升勢	跌勢	自然調整	次級調整	次級回升	自然回升	升勢	跌勢	自然調整	次級調整	次級回升	自然回升	升勢	跌勢	自然調整	次級調整
			$71\frac{1}{4}$						$77\frac{5}{8}$						$148\frac{7}{8}$			
				61							$68\frac{3}{4}$						$129\frac{3}{4}$	
		70						80							150			$131\frac{1}{2}$
1939					62						$69\frac{1}{2}$							
日期			美國國鐵						伯利恆鋼鐵						關鍵價格			
1月23日			$57\frac{7}{8}$						$63\frac{3}{4}$						$121\frac{5}{8}$			
24			$56\frac{1}{2}$						$63\frac{1}{4}$						$119\frac{3}{4}$			
25			$55\frac{5}{8}$						63						$118\frac{5}{8}$			
26			$53\frac{1}{4}$						$60\frac{1}{4}$						$113\frac{1}{2}$			
27																		
28*																		
30																		
31		$59\frac{1}{2}$						$68\frac{1}{2}$						128				
2月1日																		
2														$128\frac{1}{2}$				
3																		
4*		$60\frac{5}{8}$						69						$129\frac{5}{8}$				
6								$69\frac{7}{8}$						$130\frac{3}{4}$				
8																		
9																		
10																		
11*																		
14																		
15																		
16								$70\frac{3}{4}$						$131\frac{5}{8}$				
17		$61\frac{1}{8}$						$71\frac{1}{4}$						$132\frac{5}{8}$				
18*		$61\frac{1}{4}$												$132\frac{1}{2}$				
20																		
21																		
23																		
24		$62\frac{1}{4}$						$72\frac{3}{8}$						$134\frac{5}{8}$				
25*		$63\frac{3}{4}$						$74\frac{1}{4}$						$138\frac{1}{2}$				
27																		
28		$64\frac{3}{4}$						75						$129\frac{3}{4}$				
3月1日																		
2																		
3		$64\frac{7}{8}$						$75\frac{1}{4}$						140				
4*								$75\frac{1}{2}$						$140\frac{3}{8}$				
6																		
7																		

說明：標有〔＊〕的日期為星期六。

9.表9-9（見下頁）

3月16日，將美國鋼鐵及伯利恆鋼鐵的股價記錄在這兩檔股票的「自然調整」欄。參考「規則解釋」6（b）。

3月30日，將美國鋼鐵的股價記錄在「跌勢」欄，成為低於該欄前一個價格的股價。

3月31日，將伯利恆鋼鐵的股價記錄在「跌勢」欄，成為低於該欄前一個價格的股價。

4月15日，將美國鋼鐵及伯利恆鋼鐵的股價記錄在這兩檔股票的「自然回升」欄。參考「規則解釋」6（c）。

表9-9

日期	次級回升	自然回升	升勢	跌勢	自然調整	次級調整	次級回升	自然回升	升勢	跌勢	自然調整	次級調整	次級回升	自然回升	升勢	跌勢	自然調整	次級調整
				$53\frac{3}{4}$						$60\frac{1}{4}$						$113\frac{1}{2}$		
1939		$64\frac{7}{8}$						$75\frac{1}{2}$						$140\frac{3}{8}$				
日期			美國	國鐵				伯利恆鋼鐵						關鍵	價格			
3月8日		65												$140\frac{1}{2}$				
9		$64\frac{1}{2}$						$75\frac{7}{8}$						$140\frac{3}{8}$				
10																		
11*																		
13																		
14																		
15																		
16					$59\frac{5}{8}$						$69\frac{1}{4}$						$128\frac{7}{8}$	
17					$56\frac{3}{4}$						$66\frac{3}{4}$						$123\frac{1}{2}$	
18*					$54\frac{3}{4}$						65						$119\frac{3}{4}$	
20																		
21																		
22					$53\frac{1}{2}$						$63\frac{5}{8}$						$117\frac{1}{8}$	
23																		
24																		
25*																		
27																		
28																		
29																		
30					$52\frac{1}{8}$						62						$114\frac{1}{8}$	
31				$49\frac{7}{8}$						$58\frac{3}{4}$						$108\frac{5}{8}$		
4月1日*																		
3																		
4				$48\frac{1}{4}$						$57\frac{7}{8}$						$105\frac{7}{8}$		
5																		
6				$47\frac{1}{4}$						$55\frac{1}{2}$						$102\frac{3}{4}$		
8*				$44\frac{7}{8}$						$52\frac{1}{2}$						$97\frac{7}{8}$		
10																		
11				$44\frac{3}{8}$						$51\frac{5}{8}$						96		
12																		
13																		
14																		
15*		50						$58\frac{1}{2}$						$108\frac{1}{2}$				
17																		
18																		
19																		

說明：標有〔＊〕的日期為星期六。

10.表9-10（見下頁）

5月17日，將美國鋼鐵及伯利恆鋼鐵的股價記錄在這兩檔股票的「自然調整」欄。翌日，即5月18日，將美國鋼鐵的股價記錄在「跌勢」欄。參考「規則解釋」6（d）。

5月19日，在伯利恆鋼鐵的「跌勢」欄股價下面畫上紅線，以表示該股價與「跌勢」欄記錄的最後價格相同。

5月25日，將美國鋼鐵及伯利恆鋼鐵的股價記錄在這兩檔股票的「次級回升」欄。參考「規則解釋」6（c）。

表9-10

	次級回升	自然回升	升勢	跌勢	自然調整	次級調整	次級回升	自然回升	升勢	跌勢	自然調整	次級調整	次級回升	自然回升	升勢	跌勢	自然調整	次級調整
				$44\frac{3}{8}$						$51\frac{5}{8}$						96		
1939		50						$58\frac{1}{2}$						$108\frac{1}{8}$				
日期			美國國鐵						伯利恆鋼鐵						關鍵	價格		
4月20日																		
21																		
22*																		
24																		
25																		
26																		
27																		
28																		
29*																		
5月1日																		
2																		
3																		
4																		
5																		
6*																		
8																		
9																		
10																		
11																		
12																		
13*																		
15																		
16																		
17					$44\frac{5}{8}$						52						$96\frac{5}{8}$	
18				$43\frac{3}{4}$													$95\frac{1}{4}$	
19										—							$94\frac{7}{8}$	
20*																		
22																		
23																		
24																		
25	$48\frac{3}{4}$						$57\frac{3}{4}$						$106\frac{1}{2}$					
26	49						58						107					
27*	$49\frac{3}{8}$							—					$107\frac{7}{8}$					
29		$50\frac{1}{4}$						$59\frac{3}{8}$						$109\frac{5}{8}$				
31		$50\frac{7}{8}$						60						$110\frac{7}{8}$				
6月1日																		

說明：標有〔＊〕的日期為星期六。

11.表9-11（見下頁）

6月16日，將伯利恆鋼鐵的股價記錄在「自然調整」欄。參考「規則解釋」6（b）。

6月28日，將美國鋼鐵的股價記錄在「自然調整」欄。參考「規則解釋」6（b）。

6月29日，將伯利恆鋼鐵的股價記錄在「跌勢」欄，成為低於該欄最後價格的股價。

7月13日，將美國鋼鐵及伯利恆鋼鐵的股價記錄在這兩檔股票的「次級回升」欄。參考「規則解釋」6（g）。

表9-11

	次級回升	自然回升	升勢	跌勢	自然調整	次級調整	次級回升	自然回升	升勢	跌勢	自然調整	次級調整	次級回升	自然回升	升勢	跌勢	自然調整	次級調整
				$44\frac{3}{8}$						$51\frac{5}{8}$						96		
		50												$108\frac{1}{2}$				
				$43\frac{1}{4}$			$55\frac{1}{2}$			—						$94\frac{7}{8}$		
1939		$52\frac{7}{8}$						60						$110\frac{7}{8}$				
日期			美國國鐵							伯利恆鋼鐵				關鍵價格				
6月2日																		
3*																		
5																		
6																		
7																		
8																		
9																		
10*																		
12																		
13																		
14																		
15																		
16											50							
17*																		
19																		
20																		
21																		
22																		
23																		
24*																		
26																		
27																		
28					45						$52\frac{1}{2}$						$97\frac{1}{2}$	
29				$43\frac{3}{4}$						51						$94\frac{3}{4}$		
30				$43\frac{5}{8}$						$50\frac{1}{4}$						$93\frac{7}{8}$		
7月1日*																		
3																		
5																		
6																		
7																		
8*																		
10																		
11																		
12	$48\frac{1}{4}$						$57\frac{1}{4}$						$52\frac{1}{2}$					
13																		

說明：標有〔*〕的日期為星期六。

12.表9-12（見下頁）

7月21日，將伯利恆鋼鐵的股價記錄在「升勢」欄；翌日，即7月22日，將美國鋼鐵的股價記錄在「升勢」欄。參考「規則解釋」5（a）。

8月5日，將美國鋼鐵及伯利恆鋼鐵的股價記錄在這兩檔股票的「自然調整」欄。參考「規則解釋」4（a）。

8月23日，將美國鋼鐵的股價記錄在「跌勢」欄，成為低於該欄前一個價格的股價。

表9-12

日期	次級回升	自然回升	升勢	跌勢	自然調整	次級調整	次級回升	自然回升	升勢	跌勢	自然調整	次級調整	次級回升	自然回升	升勢	跌勢	自然調整	次級調整
				$43\frac{1}{4}$						$51\frac{5}{8}$				$110\frac{7}{8}$		$94\frac{7}{8}$		
		$50\frac{7}{8}$						60										
					$43\frac{5}{8}$					$50\frac{1}{4}$							$93\frac{7}{8}$	
1939	$48\frac{1}{4}$						$57\frac{1}{4}$						$105\frac{1}{2}$					
日期			美國鋼鐵						伯利恆鋼鐵						關鍵 價格			
7月15日*																		
17	$50\frac{3}{4}$							$60\frac{3}{8}$						$111\frac{1}{8}$			關鍵 價格	
18		$51\frac{7}{8}$						62						$113\frac{7}{8}$				
19																		
20																		
21		$52\frac{1}{2}$						63						$115\frac{1}{2}$				
22*			$54\frac{1}{8}$					65							$119\frac{1}{8}$			
24																		
25			$55\frac{1}{8}$						$65\frac{3}{4}$								$102\frac{7}{8}$	
26																		
27																		
28																		
29*																		
31																		
8月1日																		
2																		
3																		
4																		
5*					$49\frac{1}{2}$						$59\frac{1}{2}$						109	
7																		
8					$49\frac{1}{4}$												$108\frac{3}{4}$	
9																		
10											59						$108\frac{1}{4}$	
11					$47\frac{3}{4}$						58						$105\frac{3}{4}$	
12*					47												105	
14																		
15																		
16																		
17					$46\frac{1}{2}$												$104\frac{1}{2}$	
18					45						$55\frac{1}{8}$						$100\frac{1}{8}$	
19*																		
21					$43\frac{3}{8}$						$53\frac{3}{8}$						$96\frac{3}{4}$	
22																		
23				$42\frac{5}{8}$													96	
24				$41\frac{5}{8}$							$51\frac{7}{8}$					$93\frac{1}{2}$		
25																		

說明:標有〔*〕的日期為星期六。

13.表9-13（見下頁）

8月29日，將美國鋼鐵及伯利恆鋼鐵的股價記錄在這兩檔股票的「自然回升」欄。參考「規則解釋」6（d）。

9月2日，將美國鋼鐵及伯利恆鋼鐵的股價記錄在這兩檔股票的「升勢」欄，成為高於該兩欄前一個價格的股價。

9月14日，將美國鋼鐵及伯利恆鋼鐵的股價記錄在這兩檔股票的「自然調整」欄。參考「規則解釋」6（a）及4（a）。

9月19日，將美國鋼鐵及伯利恆鋼鐵的股價記錄在這兩檔股票的「自然回升」欄。參考「規則解釋」6（d）及4（b）。

9月28日，將美國鋼鐵及伯利恆鋼鐵的股價記錄在這兩檔股票的「次級調整」欄。參考「規則解釋」6（h）。

10月6日，將美國鋼鐵及伯利恆鋼鐵的股價記錄在這兩檔股票的「次級回升」欄。參考「規則解釋」6（g）。

表9-13

日期	次級回升	自然回升	升勢	跌勢	自然調整	次級調整	次級回升	自然回升	升勢	跌勢	自然調整	次級調整	次級回升	自然回升	升勢	跌勢	自然調整	次級調整
				44						$50\frac{1}{2}$						$93\frac{7}{8}$		
			$55\frac{1}{8}$						$65\frac{3}{4}$						$120\frac{1}{8}$			
1939				$41\frac{5}{8}$						$51\frac{7}{8}$						$96\frac{1}{2}$		
日期			美國	國鐵					伯利恆鋼鐵						關鍵	價格		
8月26日*																		
28																		
29		48						$60\frac{1}{2}$						$108\frac{1}{2}$				
30																		
31																		
9月1日		52						$65\frac{1}{2}$						$117\frac{1}{2}$				
2*			$55\frac{1}{4}$						$70\frac{3}{8}$						$125\frac{5}{8}$			
5			$66\frac{7}{8}$						$85\frac{1}{2}$						$152\frac{3}{8}$			
6																		
7																		
8			$69\frac{3}{4}$						87						$156\frac{3}{4}$			
9*			70						$88\frac{3}{4}$						$158\frac{3}{4}$			
11			$78\frac{5}{8}$						100						$178\frac{5}{8}$			
12			$82\frac{3}{4}$												$182\frac{3}{4}$			
13																		
14				$76\frac{3}{8}$						$91\frac{1}{4}$						$168\frac{1}{8}$		
15																		
16*				$75\frac{1}{2}$						$88\frac{3}{8}$						$163\frac{7}{8}$		
18				$70\frac{1}{2}$						$83\frac{3}{4}$						$154\frac{1}{4}$		
19		78						$92\frac{3}{8}$						$170\frac{3}{8}$				
20		$80\frac{5}{8}$						$95\frac{5}{8}$						$176\frac{1}{4}$				
21																		
22																		
23*																		
25																		
26																		
27																		
28				$75\frac{1}{8}$						89						$164\frac{1}{8}$		
29				$73\frac{1}{2}$						$86\frac{3}{4}$						$160\frac{1}{4}$		
30*																		
10月2日																		
3																		
4				73						$86\frac{1}{4}$						$159\frac{1}{4}$		
5																		
6	$78\frac{1}{2}$							$92\frac{3}{4}$						$171\frac{1}{4}$				
7*																		

說明：標有〔＊〕的日期為星期六。

14.表9-14（見下頁）

11月3日，將美國鋼鐵的股價記錄在「次級調整」欄，成為低於該欄最後價格的股價。

11月9日，在美國鋼鐵的「自然調整」欄填上短橫線「—」，表示股價與該欄記錄的最後價格相同；而在同一天，在伯利恆鋼鐵的「自然調整」欄內填上新價格，成為低於該欄最後價格的股價。

表9-14

	次級回升	自然回升	升勢	跌勢	自然調整	次級調整	次級回升	自然回升	升勢	跌勢	自然調整	次級調整	次級回升	自然回升	升勢	跌勢	自然調整	次級調整
			82¾						100						182¾			
				70½						83¾						154¼		
		80⅝						95⅝						176¼				
					73						86¼						159¼	
1939	78½						92¾						171¼					
日期			美國	國鐵					伯利恆鋼鐵						關鍵	價格		
10月9日																		
10																		
11																		
13																		
14*																		
16																		
17	78⅞						93⅞						172¾					
18	79¼												173½					
19																		
20																		
21*																		
23																		
24																		
25																		
26																		
27																		
28*																		
30																		
31																		
11月1日																		
2																		
3					72⅛													
4*																		
6																		
8					72⅛							86⅛						158¼	
9				—							83¼						153¾		
10*				68¾							81¾						150½		
13																		
14																		
15																		
16																		
17																		
18*																		
20																		
21																		
22																		

說明：標有〔＊〕的日期為星期六。

15.表9-15（見下頁）

11月24日，將美國鋼鐵的股價記錄在「跌勢」欄。參考「規則解釋一6（e）。第二天，即11月25日，將伯利恆鋼鐵的股價記錄在「跌勢」欄。參考「規則解釋」6（e）。

12月7日，將美國鋼鐵及伯利恆鋼鐵的股價記錄在這兩檔股票的「自然回升」欄。參考「規則解釋」6（c）。

表9-15

	次級回升	自然回升	升勢	跌勢	自然調整	次級調整	次級回升	自然回升	升勢	跌勢	自然調整	次級調整	次級回升	自然回升	升勢	跌勢	自然調整	次級調整
			$82\frac{3}{4}$						100						$182\frac{3}{4}$			
				$70\frac{1}{2}$						$83\frac{3}{4}$						$154\frac{1}{4}$		
		$80\frac{5}{8}$						$95\frac{5}{8}$						$176\frac{1}{4}$				
1939					$68\frac{3}{4}$						$81\frac{3}{4}$						$150\frac{1}{2}$	
日期			美國	國鐵						伯利恆鋼鐵						關鍵	價格		
11月24日				$66\frac{7}{8}$						81							$147\frac{7}{8}$		
25*										$80\frac{1}{4}$							$147\frac{5}{8}$		
27																			
28																			
29				$65\frac{7}{8}$						$78\frac{1}{8}$							144		
30				$63\frac{5}{8}$						77							$140\frac{5}{8}$		
12月1日																			
2*																			
4																			
5																			
6																			
7		$69\frac{3}{4}$							84						$153\frac{3}{4}$				
8																			
9*																			
11																			
12																			
13																			
14									$84\frac{7}{8}$						$154\frac{5}{8}$				
15																			
16*																			
18																			
19																			
20																			
21																			
22																			
23*																			
26																			
27																			
28																			
29																			
30*																			
1940年1月2日																			
3																			
4																			
5																			
6*																			

說明：標有〔*〕的日期為星期六。

16.表9-16（見下頁）

1月9日，將美國鋼鐵及伯利恆鋼鐵的股價記錄在這兩檔股票的「自然調整」欄。參考「規則解釋」6（b）。

1月11日，將美國鋼鐵及伯利恆鋼鐵的股價記錄在這兩檔股票的「跌勢」欄，成為低於該兩欄最後價格的股價。

2月7日，在伯利恆鋼鐵的「自然回升」欄內填上價格，這是回升幅度第一天所需要達到的6個點。第二天，將美國鋼鐵及伯利恆鋼鐵的股價，連同其「關鍵價格」，記錄在這兩檔股票的「自然回升」欄內；而「關鍵價格」的升幅已達到值得記錄的適當差距。

表9-16

	次級回升	自然回升	升勢	跌勢	自然調整	次級調整	次級回升	自然回升	升勢	跌勢	自然調整	次級調整	次級回升	自然回升	升勢	跌勢	自然調整	次級調整
																	$140\frac{5}{8}$	
				$63\frac{5}{8}$						77				$154\frac{5}{8}$				
1940		$69\frac{1}{4}$						$84\frac{7}{8}$										
日期			美國	國鐵					伯利恆鋼鐵						關鍵	價格		
1月8日																		
9					$64\frac{1}{4}$												$142\frac{3}{4}$	
10					$63\frac{3}{4}$												$142\frac{1}{4}$	
11				62						$76\frac{1}{2}$							$138\frac{1}{2}$	
12				$60\frac{1}{8}$						$74\frac{1}{8}$							$134\frac{1}{4}$	
13*				$59\frac{5}{8}$						$73\frac{1}{2}$							$133\frac{1}{8}$	
15				$57\frac{1}{2}$						72							$129\frac{1}{2}$	
16																		
17																		
18				$56\frac{7}{8}$						$71\frac{1}{2}$							$128\frac{1}{8}$	
19										71							$127\frac{7}{8}$	
20*																		
22				$55\frac{7}{8}$						$70\frac{1}{8}$							126	
23																		
24																		
25																		
26																		
27*																		
29																		
30																		
31																		
2月1日																		
2																		
3*																		
5																		
6																		
7								$76\frac{3}{8}$										
8		61						78						139				
9		$61\frac{3}{4}$						$79\frac{1}{2}$						$141\frac{1}{4}$				
10*																		
13																		
14																		
15																		
16					$56\frac{1}{8}$													
17*																		
19																		

說明：標有〔＊〕的日期為星期六。

附錄一：傑西・李佛摩小傳

入市之初

傑西・李佛摩（Jesse Livermore）於1877年7月26日出生在美國麻州，他的父親在新英格蘭以務農為生，家境較為貧困。這個頂著一頭金黃頭髮、有著藍眼睛、瘦削身材的少年不滿生活的現狀，當父親要他輟學並工作時，才14歲的他，選擇了離家出走，去尋找一種可以滿足自己野心的生活。於是李佛摩的傳奇人生開始了，在他的一生中，讚譽和批評的聲浪無數。他被同時代人冠上「華爾街之熊」和「華爾街獨狼」等綽號；江恩稱其為「最偉大的交易員」，而「債券大王」葛洛斯則視其為啟蒙老師和偶像。

口袋裡裝著母親給的幾美元，李佛摩背起行囊隻身前往波士頓。他很快在一個小的股票公司找到一份行情收報員的差事，雖然工資微薄，每個星期才領6美元，但是溫飽問題得到了解決。李佛摩的工作就是每天坐在營業廳的黑板前，只要行情收報機的股票報價一進來，他就立刻扯開嗓門大喊，並且將數字抄寫在大黑板上。在這裡，他第一次接觸到股票。

那個時候波士頓有許多對賭行，這些店面的櫃檯彷彿賭場一樣，客戶在這裡對股票的價格變動打賭，他們總是自以為是地認為自己可以預測出各種貨幣和各種股票指數的漲落。你按每點多少錢下注，如果股票指數上

漲，你就贏了；但是如果指數下跌10個點，你就賠掉下注數的10倍。於是人們像賽馬和足球賽的賭博一樣，兩面下注。精明的人可以買進一種指數而賣出另一種指數，就像任何商品經營一樣，贏利來自兩種價格的差價。

李佛摩年輕的心也被這種刺激的投機交易鼓動著。他很聰明，一直堅持在工作中學習，很快就能用百分比來表示價格的起落。不僅如此，他還開始做筆記，把抄黑板時抄到的數字記下來，這些雀躍跳動的數字在紙上漸漸形成了一個有變化的圖形。他不停地記錄下每天的股票數字，埋首研讀它們，試圖找到這些圖形變化的規律。「在職訓練」讓他親眼目睹股市裡面的交易活動，以及人們如何參與市場。他注意到，大部分人的行為舉止亂無章法，不照一定的規則或既定的計畫去做，也不肯下工夫研究股市和它的走勢，所以投資股市穩賠不賺。

李佛摩在15歲的時候開始第一次買賣股票，這次交易是和朋友一起完成的。他們湊了5美元，在一家對賭行下單買了伯靈頓的股票，這是李佛摩對自己學習成績的一次小小檢驗——他查了自己的行情記錄本，看了伯靈頓股票最近的交易形態，相信價格一定上漲，最後這檔股票果然上漲了，李佛摩分到3.12美元的利潤，初戰告捷。

李佛摩就這樣開始了自己的證券投資生涯。20歲那年，他憑藉數字方面的天賦和在「指數」賭博活動上的特殊才能，賺了很多錢，但由於損害到對賭行的利益，波士頓和紐約兩地的對賭行對他下達了禁足令，不准他進場買賣。但他並沒有就此罷手，依然來回涉足兩地的對賭行，如果在某座城市被發現，就跑到另一座城市去操作。由於操作十分成功，同行都稱他是「拚命三郎」。

少年發跡

看夠了對賭行的白眼後，李佛摩告別了波士頓，躊躇滿志地趕赴紐約，他打算在紐約證券交易所中一展身手，操作那些在交易所掛牌交易的股票。那一年他21歲。

但是在紐約，李佛摩並沒有聲名鵲起。短短6個月時間，他不但把2,500美元的老本賠個精光，還欠了經紀公司500美元。他借了一點錢回到對賭行打算賺出自己的本錢。這時候他發現一個規律，對賭行總是第一時間做出報價，而紐約證券交易所則延後報價。因此他根據對賭行的即時報價，迅速做出交易，然後小賺一筆。兩天後，他懷揣2,800美元殺回紐約，並將欠款的500美元還給經紀公司。但是回到紐約後，他發現操作起來還是比他想像中要難，依舊只能保持不虧損的狀態。

無奈之下他又重回對賭行交易。為了方便操作，李佛摩隱瞞了自己的身分，在對賭行交易，他如魚得水，帳戶裡面的錢果然很快增加到1萬美元。但是好景不長，他又被空殼證券商的老闆逮到，封殺在門外。

1901年，李佛摩大膽買入在紐約證交所掛牌的北太平洋公司股票，1萬美元翻了5倍，淨賺了4萬美元。這次操作的成功讓他信心大增，很快他判斷出股市要短暫回檔，於是建立了兩個空頭部位，但是由於不熟悉裡面的操作，雖然看對了行情，但是這筆交易還是讓他賠了錢。李佛摩怕了嗎？沒有！反覆的虧損教會李佛摩一件事：要想明白市場的運作規律，必須不怕虧損。為了成功，他絕不會輕易放棄，並不斷分析錯誤和總結經驗。這個時候的李佛摩總結了不可或缺的專門技術和經驗：

（1）控制情緒（控制影響每一位交易人的心理層面）。

（2）擁有經濟學和景氣狀況基本面的知識（這是瞭解若干事件對市

場和股價可能造成什麼影響的必要智慧）。

（3）保持耐性（願意放手讓利潤越滾越大，是傑出交易人不同於平庸交易人的特質）。

他認為必備的另外四種關鍵技能和特質是：

觀察——只看事實資料。

記憶——記住關鍵事件，以免重蹈覆轍。

數學——瞭解數字和基本面。這是李佛摩的一種天賦。

經驗——從你的經驗和錯誤中學習。

在挫折中學習，在學習中進步，年輕的李佛摩已經創下多個紀錄。15歲那年，他賺到第一個1,000美元。20歲那年，賺進第一個1萬美元。帳戶裡的資金，曾經上升到5萬美元，雖然兩天後又全部還給了市場。他嘗盡市場上的酸甜苦辣，但他始終不曾放棄。慢慢地李佛摩開始掌握了一種試探性操作策略。

該策略的執行方式是先建立一個小部位，測試一下那檔股票。這就是試探性操作策略，目的是觀察初步的研究是否正確。如果股價走勢符合規劃的方式，就買入更多，但陸續買進的股票，價位一定越來越高，這一做法就是金字塔操作策略（在股票上漲途中加碼經營）。這一策略在當時聽起來離經叛道，因為大部分人認為，要買到便宜貨，應該逢低承接，而不是越買越高才對。但另闢蹊徑的李佛摩認為，最近買進的股票，如果走勢證明交易商是對的，放手買進更多，交易商得到的報酬便能錦上添花，投資利益更上一層樓。他總是在價格上漲途中，執行逢高攤平操作，而不是下跌時逢低攤平。

經過不斷地探索和實踐，他的操作技能逐漸成熟起來，到了30歲，股

票操作對他來說更為得心應手。1906年底，股票市場牛市走到了盡頭，李佛摩把股票操作用在賣空上，隨著價格不斷下跌，空單的規模越來越大。空頭市場初期階段在1907年形成，賣空操作讓他大賺特賺，不到31歲，他已成為百萬富翁。他敏銳的直覺提醒他哪家公司的股票已處在高位的警戒區域，什麼時候可能掉頭向下。他變成一頭職業化的熊，專門從事賣空來發財致富。李佛摩以賣空聞名，實際上也因賣空聚積了大量財富。

1907年，李佛摩預測到股票市場崩盤在即，10月24日他建立大量空單，一天就賺進300萬美元，並引起了美股的大崩盤。當時，金融鉅子J.P.摩根（J.P.Morgan）還派人央求他不要再賣空，他感覺自己「那一刻成了股市之王」。

李佛摩的成功不是偶然的，他有著自己特殊的思考方式和習慣，他不允許別人影響他的思考。到了辦公室，他不准助手在工作時間講話，而且他整天大部分時候都站著。這麼做，是為了看清楚報價行情，也因為他相信，直立的完美姿勢，能讓他的思考更為敏銳。據說他的桌子乾淨得連一張紙也看不到，桌面整理得井井有條。

當然，李佛摩也有失策的時候，比如他在1908年的一場棉花囤積投機中，損失了100萬美元。

由於第一次世界大戰爆發，鋼鐵和汽油為他帶來了巨大的利潤。他算準美國會從戰爭中撈取好處，促進國家工業的發展。因此他選擇做多頭股票操作。在停戰協定簽訂的時候，他又轉做空頭，因為他知道回國的士兵必然失業，這樣會攪亂過熱的經濟。

也就是在這個時候，李佛摩轉戰商品市場。他結識了人稱棉花大王的帕西・湯瑪斯。不過，李佛摩開始和湯瑪斯往來時，湯瑪斯已經因為幾次

操作不順，失去所有的財富。但是李佛摩仍然視湯瑪斯為棉花界的傳奇人物。湯瑪斯說服李佛摩買入棉花，但李佛摩很快就發現，他的棉花部位損失慘重。這次棉花交易，讓李佛摩損失了幾百萬美元，他把失敗歸結為打破了自己的市場操作守則。首先他放棄獨自操作，聽信他人之言，以至於損失慘重；其次，他沒有及時止損，選擇死抱棉花不放。李佛摩一時深陷債務之中，進入了人生的低谷。

聲譽再起

經過幾年的恢復性操作，1917年，李佛摩在華爾街恢復了顯赫聲譽。1917年5月13日，《紐約時報》的一篇文章這樣評論李佛摩：華爾街浮誇不實的交易人退場，目前的投機客和以前煽風點火的市場炒手比起來，更像是學生和經濟學家。這篇文章提到李佛摩，認為他是華爾街上有深刻影響力和成功的股票交易人。

重新在證券市場上站住腳後，李佛摩時時保持高度的警覺，他埋首研讀行情，並且分析市場和個股的價格動向。他不但在操作上嚴守紀律，也律己甚嚴，這些都成了傳奇性的故事。例如，他每天清晨在住處閉門研究，時間通常選在早餐前一兩個小時。獨處的這段寧靜的時光，沒人打擾，對他來說十分重要。經過一晚充分的休息，他發現晨間靜思，頭腦特別清醒。他可以分析經濟狀況、前一天的新聞，然後決定他相信應該採取的適當行動，以及市場可能會有的反應。

從1928年年末到1929年年初，牛市行情非常火熱。李佛摩拚命做多，賺取了巨額利潤。到了1929年，赫伯特・胡佛當上總統時，當時股票市場簡直好到讓人不敢信服的程度，但股市老手李佛摩卻有種不好的預感，他堅信熊市即將來臨。3月份，他在石油公司股票上做空，不久股票大跌，他

買進賣出股票，在短短3個小時的時間裡，賺取了20萬美元。

如今的李佛摩是名利雙收，自然引起眾人的羨慕忌妒，成了大家的眼中釘。他的豪宅餐廳可容納46人同時用餐，在地下室還有個理髮店，理髮師常年和他們住在一起。他每天要抽10支哈瓦那雪茄煙，每天傍晚他都開著奢華的勞斯萊斯，在紐約的大街上兜風，車上總是坐著風情萬種的嬌媚女郎。

報紙、電臺開始不停地抨擊他，稱他為「投機小子」，指責他專做空頭，違背市場交易原則大肆買空賣空。更讓人忌妒的是他的空頭買賣總是獲利，再加上他奢華高調的生活方式，眾人對他恨得咬牙切齒。在世界各地的別墅裡他養了許多女人，這是罪名之一。他還恬不知恥地自吹是迷倒眾生的花花公子，這是罪名之二。

在1929年的整個夏季直到秋天，美國經濟持續高漲，人們都把這段時間稱為美好時光。資金還是源源不斷地從美國的各個角落湧向華爾街，股票市場成為當之無愧的全國性第一大消遣娛樂場所。當時，進入股市的成本非常低，於是出現了一支強大的由小賭客組成的炒股隊伍，他們從銀行裡提出他們的100美元、200美元或300美元的存款，投入股票市場中。

但是李佛摩此刻頭腦清醒，他努力查找各方面資料和資訊，並把自己的情報和報刊上的分析進行詳細比較。最終李佛摩得出了結論——美國的工業即將走入困境，美國的銀行業也即將衰退，經濟虛假繁榮的背後隱藏著一次狂風暴雨。李佛摩相信，美國的股票市場將會出現一個前所未有的最大熊市，股市指數將會暴跌。

1929年9月，哈特雷金融詐騙案震驚了整個英國，貨幣安全成了英國人最憂心的事情。得知此消息後，李佛摩對英格蘭銀行不採取補救措施感

到費解，難道他們不救是因為無能為力嗎？於是李佛摩派他的英國「間諜」探明情況。原來是英國銀行準備提高利率，並且美國聯邦儲備銀行也打算把利率提高1個百分點。李佛摩因此判斷，銀行利率一提高，去銀行存錢的人多了，這樣一來，股市的流動資金就會大大減少。接著就會出現拋售股票的浪潮，股價必定大跌。

消息靈通的李佛摩聽說一位叫巴布森的經濟學家，連續3年都在全國的商業會議上發表演說，預言經濟的黑暗時期要到來。1928年，巴布森在一次會議上曾預言，如果民主黨人史密斯當上總統的話，就會把人們帶進經濟蕭條。但是不巧的是那一年史密斯和民主黨人沒有上臺，胡佛和共和黨人成功上臺，這讓巴布森的警告失去了意義。但是冷靜聰明的李佛摩透過各種資料分析，清楚地知道巴布森的警告是有利用價值的。

李佛摩為了得到更準確的消息，命令下屬一定要關注巴布森的動向。不久之後，巴布森發表一場重要的演講。巴布森對一大群記者說：「用不了多久，就會發生一場大崩潰，那會使得主要股票遭殃，並將道瓊指數下降60至80點。」

此後不到半小時，各報社記者都透過電話向編輯部發回消息：「經濟學家預測股市將下降60至80點。」就在巴布森在講臺上的講演時，李佛摩已經果斷地開始了賣空操作，30萬美元股票被他賣出。

李佛摩搶先一步繼續不停地拋售賣空，空頭數額驚人。巴布森看空的消息出來後股市大跌，這時又有別的經濟學家出來駁斥巴布森的觀點。第二天上午，李佛摩突然不再繼續賣空，而是買入平倉，幾天之後股市又恢復了往日的平靜，而李佛摩則從中大賺了一筆。

在同年10月份，熊市果然到來了。10月24日，股市價格狂跌，第一場

「大爆炸」讓股市跌得粉身碎骨。10月29日，股市依然狂跌不止，第二場「爆炸」把股市炸得奄奄一息。許許多多的股民，隨著股市的慘跌，手中的財富瞬間化為烏有。

但是，股市的投機家李佛摩，並沒有和大多人一樣沉浸在悲痛中，反而窩在紐約附近鄉村的豪宅裡悠閒地喝他的香檳酒，因為他早已把手中的股票拋售一空。

悲戚晚年

據說，李佛摩每年年末都會把自己關在金庫3天，在成堆紙鈔裡，檢討一整年的交易得失。

在年前的一個週末，李佛摩會帶著一個公事包到銀行，公事包裡頭裝滿他過去一年的所有交易紀錄與筆記。在銀行經理的陪伴下，他們來到了銀行大金庫，龐大的鋼製大門兩旁，各站著一名武裝警衛。洞穴般的金庫裡，有一排裝滿巨額現金的箱子——裡面放著李佛摩的5,000萬美元存款。

這裡防守嚴密，天花板上的紅燈從李佛摩進入金庫的一刻開始閃爍，警鈴每20秒作響一次，這裡還有李佛摩的屬下為他準備好的各種食品：冰塊、麵包、冷盤、蔬菜、水……接下來的3天，李佛摩將在這裡度過，他讓自己隱遁在深深的孤寂中，在成堆紙鈔裡認真思考。

星期一早上離開前，李佛摩會打開那些裝滿現鈔的箱子，把身上的口袋盡情地塞滿，接下來的兩個星期，他要盡情地揮霍掉這些鈔票。

對李佛摩來說，這是一種新年儀式，他必須摸到這些錢，並且在金錢中反省自己。他常提醒那些投機客：任何有心從事投機的人，都應該將投機視為事業，而不是像許多人一樣，把它當成純賭博。

糟糕的是，即使李佛摩如此自律自省，好運還是離李佛摩越來越遠了。

1930年，對李佛摩絕對不能算是個好年頭。不知道什麼原因，也許是他改變了交易方式，不能準確地把握股票市場了，又或許是因為家事的干擾讓他思路混亂——妻子因為他的不忠，正在鬧離婚，又或者像很多名人一樣，在自己的職業生涯中總有個巔峰，一旦他們走過了，前進的腳步就慢了……總之，李佛摩突然之間變成了進入冬眠狀態昏昏沉沉的大熊。

到1931年年底的時候，李佛摩一半的財產不見了。

到1933年，剩下的另一半也消失了。

▲ 1928年，繁華的華爾街街頭。華爾街從百老匯到東河僅有7個街段，卻以「美國的金融中心」聞名於世。美國摩根財閥、洛克菲勒石油大王和杜邦財團等開設的銀行、保險、航運、鐵路等公司的經理處集中於此。著名的紐約證券交易所也在這裡，至今仍是幾個主要交易所的總部：如納斯達克、美國證券交易所、紐約期貨交易所等。

更誇張的是，李佛摩在一些勝算把握很大的生意上，竟然還賠掉了大約3,000萬美元。這些生意並沒有什麼難處，但即使這樣，李佛摩也無法穩操勝券了。

恰巧這時候，對於賣空的規則證券交易委員會做了許多修改。在這以前，那些規則不利於買方，而現在則需要賣方多加注意。李佛摩過去專做賣空生意，新規則對他有了更多束縛，這對身陷困境的李佛摩來說無疑是雪上加霜。

一年多的時間，李佛摩完全變成了另外一個人。在股票交易大廳裡，人們會看見他衣著邋遢，常常喝得醉醺醺的，整個人看起來瘋瘋癲癲。最初剛進股市的時候，他曾摔得粉身碎骨，而現在更是變成了案板上的一塊魚肉，任由曾經的對手宰割。

1934年3月4日，李佛摩窮困潦倒，不得不申請破產。經過財務人員核算，李佛摩欠下高達226萬美元的債款。而他剩下的錢，只有18.4美元。

此刻的李佛摩變成了孤家寡人，他的妻子早已棄他不顧。他孤零零地一個人住進了條件極差的廉價公寓。豪華轎車沒有了，豪華住宅和別墅、游泳池沒有了，勤勞的傭人和管家沒有了，一切都煙消雲散了。

李佛摩像一個輸光錢的賭徒一樣，沒事就空手去股票交易大廳轉一圈。交易大廳裡照樣人頭攢動，熙熙攘攘。他看到了像他以前那樣的大贏家，滿面春風得意揚揚，也看到了一些輸家滿臉沮喪。一些以前被他玩慘了的炒股者，還會拿他開玩笑：「喂，李佛摩，你今天又拋了幾百萬？」

1939年年底，他決定寫一本《股票大作手操盤術》，談他的操作策略。在這本書中，他毫無保留地闡述了自己的操作策略和投資思想，對於所有渴望在股市中有所成就的交易者來說都是一本必讀好書。遺憾的是，

這本書顯然晚了十幾年，當他風頭正勁時，這本書可能會賣出幾百萬冊，現在卻沒有人會喜歡輸家。這本書甚至讓他變得更窘迫——為出版這本書，他奔相走告，欠下了更多的債務。

1940年11月，一個寒冷的冬天，房東敲響李佛摩的房門逼討房租。他吃下僅有的半塊麵包，從寓所後門偷偷溜了出來。最後他走進一家大旅館的洗手間，從口袋裡掏出早已準備好的手槍，對準自己的腦袋扣動了扳機，並留下一張紙條：「我的一生是個失敗。」

一個偉大的作手就這樣離開了人世，儘管他沒有始終保持他的輝煌戰績，最後落得極其悲慘的下場，但作為華爾街20世紀最大的神話，無論是他的追隨者還是勁敵都承認——傑西‧李佛摩是最傑出的股市操盤手之一。

附錄二：傑西・李佛摩投資理論解讀

1.逆向操作的投資策略

投資策略包括順勢投資策略和逆向投資策略兩種，而李佛摩對於逆向投資策略有非常深入的見解。

李佛摩認為逆向投資策略就是投資者透過衡量一般投資大眾的意見，當發現大眾的觀點、認知、方法和思維趨向一致，達到極端不合理的狀況時，所採取的反其道而行之的交易策略。它的基本邏輯是：如果群眾持有某種看法，而且每個人都根據那個看法採取行動，那麼市場上就沒有新資金可以繼續推動股價朝那個方向前進，那麼此時利用極端意見,就很有把握從中短時間內獲得巨大利潤。

在實際操作中，傑西・李佛摩已經成功驗證了他的操作思路：在李佛摩加碼空單的第二天，公司傳來了舊金山大地震的消息。關於對消息的反應，股市權威人士大多認為：不要管消息是好是壞，而是要看市場的反應。

意外的是，面對一場可怕的大災難，股市並沒有反映出很多人預想中的暴跌，開盤時僅下跌了幾點。很多人放鬆了警惕，但是這時李佛摩堅信：「大盤並非總是一下子就反映出趨勢」，因此他繼續保留著空單。讓

人敬佩的是，在隔天傳來了完整的報導以後，在市場反應仍沒有應有的那麼強烈的情況下，李佛摩仍堅信自己的信念並再次加碼放空一倍。不久，市場終於反映了現實，這時李佛摩全部回補，短短幾天賺得了極大的利潤。

當然，現在的投資者大多推崇順勢操作，順勢操作交易理念也日漸成熟，然而在眾多的假突破日益增多之際，作為一名合格、出色的交易者只運用順勢交易策略參與交易顯然有些不足。尤其是在期貨市場裡，如果你不能及時察覺頂部的異常，那麼你不僅不能利用難得的機會獲取暴利，反而會讓整個趨勢中辛苦賺來的利潤，在一天或幾天內大幅消失。

因此，投資者應該學習一下李佛摩的這種逆向操作思維，當然這可能並不是一件簡單的事情。

首先，逆向投資思維打破了以往大眾循環式的思維模式。一般的投資者總是牛市期間高度興奮積極交易，熊市期間極度壓抑清淡交易。這個轉變對投資者無疑是一個巨大的挑戰，沒有足夠的經驗和磨煉是無法達成的。

其次，根據一般投資者的分析習慣，總是要站在自己的視角分析問題。但是當趨勢有轉折的時候，無論是基本分析還是技術分析，能夠幫助投資者分析和決策的只能是大眾心理分析和逆向思維。然而，心理分析和逆向思維恰恰又是眾多投資者所欠缺和難以掌握的，因為心理分析和逆向思維的運用，不僅需要投資者保持視角的多樣性和靈活性，還需要從人性角度和現實角度去觀察問題。

最後，逆向投資策略的實行也需要投資者合理的資金管理方法和嚴格的執行操作能力。畢竟在市場大眾意見一致時，它在短期內推動的力量是

極為快速和巨大的，一旦交易者無法承受壓力，那麼極有可能又會隨大眾趨勢而行，以致放棄逆向投資策略。

2. 從投資中賺錢的訣竅是評估市場趨勢

從實際操作中傑西・李佛摩明白了一個道理：賺大錢不是靠股價的漲跌，而是靠主要波動，更確切地說，就是靠評估整個市場和市場趨勢做交易。能夠同時判斷正確又堅持不動的人很罕見，李佛摩發現這是最難學習的一件事情。但是股票作手只有確實瞭解這一點之後，他才能夠賺大錢。

傑西・李佛摩發現，他一廂情願的想法從來都沒有為替他賺過大錢，倒是當他持股觀望的時候，卻賺了大錢。傑西・李佛摩因此明白投資成功的重點在於評估整個市場和它的趨勢，跟著趨勢走總是對的。

對此，他說：「從我的經驗中，我總結出來的差不多就是這些——研究整體情況，建立倉位，並且堅持不動。我能夠沒有半點不耐煩的等待，也能夠毫不動搖的面對下跌，因為我知道這只是暫時現象。」

「有一個事實是，沒人能夠抓住所有的波動。在牛市里，投資人所能做的就是買進後放著，直到你認為牛市已近尾聲。」

「（關於做波段）我知道如果我這樣做，可能就會失掉我的倉位，從而肯定會失去賺大錢的機會。」

3.研究個股趨勢要先研究大盤趨勢

李佛摩在做任何買賣交易時都一定會遵守一個原則，那就是以研究大盤趨勢為基礎。也就是說，他一定要等到大盤趨勢上漲時才開始買進，或者在大盤下跌時才開始做空。李佛摩從來不輕忽大盤趨勢，每當市場停滯

或是上下震盪的時候，他總是選擇留在場外。

如果我們觀察李佛摩的整個投資生涯就會發現，他一直堅定地重複這些原則：個人對趨勢的預期絕對不應該左右你的交易；假如你不放過每一個交易日，天天投機，你就不可能成功；每年僅有很少的幾次機會，可能只有四五次，只有這些時機，才可以允許自己下場開始交易；在上述時機之外的時間裡，你應該耐心地等待，讓市場逐步醞釀下一場大幅運動。

李佛摩認為，市場的基本形勢決定了個股的走勢，因此當你在買賣股票時，確定當前的市場趨勢比其他任何事情都重要。無論如何，我們需要等到大盤進入上漲行情時再做多股票，等待大盤進入下跌趨勢時再做空股票。

「對於投資者而言，我們要做的事是在多頭市場看多，在空頭市場看空。」

「我的預測是整個大盤都會下跌，身在其中的任何一檔股票也不可避免地跟著下跌，不管背後有沒有炒作集團。」

「當市場趨勢開始走向我預測的方向時，我有生以來第一次感到我找到了世界上最強大、最真實的盟友，是的，那就是市場的基本趨勢。市場趨勢竭盡全力幫助我，或許趨勢在調動個股方面有時慢了一些，但是他們很可靠，只要我耐心等待，就總會有所收穫。我不是拿報價紙帶的分析技巧或第六感來賭運氣，我在遵照市場趨勢行事。我對事情必然性的定見在替我賺錢。」

4.追隨強勢的股票才能獲得最大收益

李佛摩總是喜歡買入那些最強勢的股票，它們是行情的領頭羊。他一

直認為，投資者在操作時一定要追隨領頭羊，特別是那些領頭行業和強勢行業中的領頭股票。

那麼，怎樣尋找領頭羊股票呢？領頭羊股票的一個重要特徵是總是能突破阻力區域、率先創造新的最高價格，或是在熊市末期第一批突破盤整區域進入多頭趨勢、第一批創出股價新高。行業的興衰總是隨著時間的推移而變化，一些高利潤的行業會慢慢衰落，而另一些行業又將進入高速發展期，比如我們會發現，上一輪牛市的領頭羊很少能繼續成為今天的領頭羊。

因此要抓住領頭羊股票就要保持靈活性，不要總對過去的領頭羊股票念念不忘。記住，今天的領頭羊很可能不是兩年之後的領頭羊。後浪推前浪，股票市場也不斷拋棄過去的領頭羊，新領頭羊取代了舊領頭羊的位置。以前牛市中的領頭羊股票很難成為新牛市中的領頭羊股票，這是很有道理的，因為經濟和商業情況的變化將產生更大預期利潤的新交易機會。

對於辨識領頭羊股票的問題，李佛摩給出了建議：

「這時也就給出了危險的信號，當那些行情的領頭羊股票在數個月以來首次從最高點開始下跌，並且沒有再回到高點時，我早已預期的警告就來臨了。這些股票的下跌速度會非常快，這一點清楚的說明我有必要調整我的交易策略。」

「那些股票已一路跟隨趨勢上漲了數月。如果這些股票不再跟著趨勢繼續上漲——儘管牛勢仍然強勁，那麼對於這些特定的股票而言，其牛市行情其實就已經結束了。對於其他的股票來說，其趨勢仍是明顯上升的。」

5.金字塔買入原則

金字塔買入原則，在關鍵點試探性買入，符合預期後在更高價位，分批加碼。這條原則被趨勢追隨者沿用至今。

李佛摩提醒投資者，股票的價格永遠不會高到讓你不能買進，也不會低到不能賣出。但是做交易時，除非在第一筆交易後獲得了成功，否則別再繼續買進。李佛摩說，如果你的頭筆交易已經處於虧損狀態，就絕不要繼續跟進，絕不要攤低虧損的部位，一定要把這個想法深深地刻在你的腦子裡。只有當股價不斷上漲的情況下，才繼續購買更多的股份。如果是向下做空，只有股價符合你的估測時，才一路加碼。

李佛摩指出，投資者在買入股票時，不應該一次把所有資金全部都投入進去，而要考慮到選錯股的可能。等到股價走勢證明我們對趨勢的判斷是正確的，才可以進一步投入。換句話說，當股價像我們希望的那樣上漲的時候，分批買入，倉位由小到大。

關於金字塔買入原則，李佛摩給了投資者如下提示：

「開始交易時，除非你確信你的判斷完全正確，否則全部買進或賣出是很不明智的。」

「在第一筆交易之後，除非第一筆獲得利潤，否則不要做第二筆，要等待和觀望市場的動向。」

「投資者要弄清楚這種簡單的算術，輸的時候只輸小錢的做法是聰明的。當然，如果按我說的方法下賭注的話，他總是能夠贏得大賭注。」

6.投機是智慧與情商的綜合遊戲

在兒子賺到1萬美金時，李佛摩的母親勸兒子遠離風險巨大的股票市場，用這筆鉅款做踏實的生意，而李佛摩回答說：我並不是在賭博，投機是一場精確的計算。

李佛摩認為並非每個人都適合操作股票。就像他在《股票大作手操盤術》開篇說的那樣：「投機是天底下最富魔力的遊戲。但是，這個遊戲不適合愚蠢的人，不適合懶於動腦筋的人，不適合心理不健全的人，不適合腦中充滿一夜暴富奢望的人。以上所說的這些人如果貿然從事投機，那麼就只能以一貧如洗告終。」對李佛摩來說，冷靜的頭腦是操作成功的關鍵素質，唯有如此才能不被希望或恐懼牽著鼻子走。

李佛摩認為以下三樣特質不可或缺。

（1）控制情緒（控制影響每一位交易人的心理）。

（2）擁有經濟學和景氣狀況基本面的知識（這是瞭解若干事件對市場和股價可能造成什麼影響的必要智慧）。

（3）勇氣（敢於放手讓利潤不斷增加，不被一點點漲跌嚇到）。

除此之外，投資者還應該學會全面觀察市場；記住關鍵事件，以免重蹈覆轍；掌握漲跌的關鍵點位、股票公司的財務，交易人要瞭解數字和基本面；不斷地從你的經驗和錯誤中學習。

對此，李佛摩解釋說：

「價格總是會沿著抵抗力最小的路線進行。如果上漲的阻力比下跌的阻力小，價格就會上漲，反之亦然……我只是去瞭解價格最可能移動的方向。我也用額外的測試，檢討我自己的交易，以便決定重要的心裡時刻。

在我開始操作之後，我是用觀察價格行為的方式來做這一點。」

「觀察、經驗、記憶和數學——這些就是成功交易者必須依靠的事情。他不但必須觀察精確，還要隨時記住所觀察到的一切。他不能賭不合理性或不能預期的事情……他必須始終根據可能性來下賭注——也就是嘗試預測可能性。」

此外，李佛摩認為每天或者每個星期過度交易的投資者，更容易失敗。操作股票要注意把握時機，不是每天過度交易就能獲利的。有些時候，應該縮手不動，絕不操作。當市場缺乏大好機會，經常休息和度假是很明智的選擇。因為在紛紜的市場中，有時退居場邊當個旁觀者，可以比日復一日不斷觀察小波動，更能看清重大的變化。

附錄三：傑西‧李佛摩投資語錄

1. 一流的投機家們總是在等待，總是有耐心，等待著市場驗證他們的判斷。要記住，除非市場驗證了你的看法，否則不要完全相信你的判斷。

2. 在投機中，如果你想賺錢，就得買賣一開始就能夠獲得利潤的商品或者股票。那些買進或賣出後就出現浮虧的東西說明你正在犯錯，一般情況下，如果三天之內依然沒有改善，立即拋掉它。

3. 絕不要平攤虧損，一定要牢牢記住這個原則。

4. 當市場進入到一個明顯的趨勢之後，它將一直沿著貫穿其整個趨勢的特定路線而自動運行。

5. 當我看見一個危險信號的時候，我不會糾纏，我第一時間躲開！幾天以後，如果一切看起來還不錯，我就再回來。這樣，我會省去很多麻煩，也會省很多錢。

6. 記住這一點：在你什麼都不做的時候，那些覺得自己每天都必須買進賣出的投機者們正在為你的下一次投機打基礎，你會從他們的錯誤中找到賺錢的機會。

7. 只要認知到趨勢在什麼地方出現，順著潮流駕馭你的投機之舟，就能從中得到想要的利潤。不要跟市場爭論，最重要的是，不要跟市場爭個

高低。

8. 不管是在什麼時候，我都會耐心地等待市場到達我認為的「關鍵點」，只有到了這個時候，我才開始進場交易，在我的操作中，只要堅持這樣做，總能賺到錢。我是在一個趨勢剛開始的心理時刻開始交易的，我不用擔心虧錢，因為我恰好是在堅守的原則告訴我立刻採取行動的時候，果斷進場開始跟進的。因此，我要做的就是，原地不動，靜觀市場按照它的行情發展。我知道，如果我這樣做了，市場本身的表現會在恰當的時機向我發出讓我獲利平倉的信號。

9. 多年交易給我的訓誡是，如果我不是在接近某個趨勢的開始點才進場交易，我就絕不會從這個趨勢中獲取多少利潤。

10. 「羅馬不是一天建成的」，真正重大的趨勢不會在一天或一個星期就走完，它完成整個運動過程需要時間。重要的是，市場運動的很大部分是發生在整個運動過程的最後48小時之內，這段時間是進入市場或退出市場最重要的時機。

11. 利用「關鍵點」預測市場運動的時候，請務必記住一點，如果價格在超過或是跌破某個關鍵點位後，價格的運動不像它應該表現的那樣，這就是一個應該引起你注意的危險信號。

12. 我相信很多操作者都有過相似的經歷，從市場本身來看，似乎一切都充滿了希望，然而就是此時此刻，微妙的內心世界已經閃起危險的信號，只有透過對市場長期研究和在長期的摸索、實踐，才能慢慢培養出這種特殊的敏感。

13. 在進入交易之前，最重要的是最小阻力線是否和你的方向一致。

14. 當一個投機者能確定價格的關鍵點，並能解釋它在那個點位上的表現時，他從一開始就勝券在握了。

15. 在心理上預測行情就行了，但一定不要輕舉妄動，要等待，直到你從市場上得到證實你的判斷是正確的信號，到了那個時候，而且只有到了那個時候，你才能用你的錢去進行交易。

16. 在長線交易中，除了知識以外，耐心比任何其他因素更為重要。實際上，耐心和知識是相輔相成的，那些想透過投機獲得成功的人應該學會一個簡單的道理：在你買入或是賣出之前，你必須仔細研究，確認是否是你進場的最好時機。只有這樣，你才能保證你的交易是正確的交易。

17. 當股價從10美元漲到50美元，你不要急於賣出，而應該思考一下有沒有進一步的理由促使它從50美元漲到150美元。

18. 市場只有一個方向，不是多頭，也不是空頭，而是做對的方向。

19. 時刻留意可能出現的危險信號。

20. 投機，天下最徹頭徹尾充滿魔力的遊戲。但是這個遊戲懶得動腦子的人不能玩，心理不健全的人不能玩，企圖一夜暴富的冒險家不能玩，這些人一旦貿然捲入，終究要一貧如洗。

21. 華爾街永不改變，錢袋會變，投機者會變，股票會變，但華爾街永不改變，因為人性永不改變。

22. 一個人不能在同一件事上花幾年工夫，還形成不了正確的做事態度，正是這一點將專業人士與業餘人士區分開來。

富能量 05

史上最強
股票大作手操盤術。 Jesse Livermore

作者　　　傑西・李佛摩
譯者　　　榮千
美術構成　騾賴耙工作室
封面設計　斐類設計工作室
發行人　　羅清維
企劃執行　林義傑、張緯倫
責任行政　陳淑貞

企劃出版　海鷹文化
出版登記　行政院新聞局局版北市業字第780號
發行部　　台北市信義區林口街54-4號1樓
電話　　　02-2727-3008
傳真　　　02-2727-0603
E-mail　　seadove.book@msa.hinet.net

總經銷　　知遠文化事業有限公司
地址　　　新北市深坑區北深路三段155巷25號5樓
電話　　　02-2664-8800
傳真　　　02-2664-8801
網址　　　www.booknews.com.tw

香港總經銷　和平圖書有限公司
地址　　　香港柴灣嘉業街12號百樂門大廈17樓
電話　　　（852）2804-6687
傳真　　　（852）2804-6409

CVS總代理　美璟文化有限公司
電話　　　02-2723-9968
E-mail　　net@uth.com.tw

出版日期　2021年01月01日　一版一刷
　　　　　2022年06月10日　一版八刷
定價　　　320元
郵政劃撥　18989626　戶名：海鴿文化出版圖書有限公司

國家圖書館出版品預行編目（CIP）資料

史上最強股票大作手操盤術 ／ 傑西・李佛摩作 ； 榮千譯.
-- 一版. -- 臺北市 ： 海鴿文化，2021.01
面 ； 公分. --（富能量；5）
ISBN 978-986-392-358-9（平裝）

1. 股票投資　2. 投資技術　3. 投資分析

563.53　　　　　　　　　　　　　　　109019954